Alessio Dal Cero

Wie funktionieren künstliche neuronale Netze?

Kategorisierung und Anwendungsbereiche künstlicher Intelligenz

Bibliografische Information der Deutschen Nationalbibliothek:

Die Deutsche Nationalbibliothek verzeichnet diese Publikation in der Deutschen Nationalbibliografie; detaillierte bibliografische Daten sind im Internet über http://dnb.d-nb.de abrufbar.

Impressum:

Copyright © Science Factory 2020

Ein Imprint der GRIN Publishing GmbH, München

Druck und Bindung: Books on Demand GmbH, Norderstedt, Germany

Covergestaltung: GRIN Publishing GmbH

Abstract (Deutsch)

Im Rahmen dieser Bachelorarbeit wird das aktuelle Thema Künstliche Intelligenz bearbeitet. Hierfür wurde aus einer Zusammenstellung aktuellster Literatur, Wissen und Standpunkte zusammengeführt. Es wird mit einer Einführung und Kategorisierung menschlicher Intelligenz begonnen um sie auf künstliche Intelligenz zu reflektieren, sowie dessen geschichtliche Entwicklung zu beschreiben und erfolgreiche Methoden hervorzuheben. Im folgenden Kapitel wird die Funktionsweise von menschlichen und künstlichen Neuronalen Netzen im Detail erläutert und das maschinelle Lernen kurz angeschnitten. Heutige Anwendungsbereiche von KI in der Wirtschaft werden validiert und mit Praxisbeispielen begleitet. Abschließend wird die Künstliche Intelligenz aus ökonomischen, ethischen, und sozialen Blickwinkeln im Kontext von gesellschaftlichen Aspekten betrachtet.

Abstract (English)

This bachelor thesis deals with the current topic of artificial intelligence. A compilation of the latest literature, knowledge and points of view has been compiled for this purpose. It starts with an introduction and categorization of human intelligence to reflect on artificial intelligence, to describe its historical development and to highlight successful methods. In the following chapter, the functioning of human and artificial neural networks is explained in detail and machine learning is briefly discussed. Today's application areas of AI in business are validated and accompanied by practical examples. Finally, artificial intelligence is examined from economic, ethical, and social perspectives in the context of social aspects.

Vorwort

Liebe Leser und Leserinnen,

zur Einstimmung dieser Arbeit möchte ich Ihnen vorweg ein paar ausgewählte Zitate relevanter Personen zum Thema Künstlicher Intelligenz präsentieren. Lassen Sie die Zitate auf sich wirken und bilden Sie sich Ihren eigenen Eindruck.

Befürwortend

„I believe this artificial intelligence is going to be our partner. If we misuse it, it will be a risk. If we use it right, it can be our partner."
- Masayoshi Son

„In a way, AI is both closer and farther off than we imagine. AI is closer to being able to do more powerful things than most people expect — driving cars, curing diseases, discovering planets, understanding media. Those will each have a great impact on the world, but we're still figuring out what real intelligence is."
- Mark Zuckerberg

„I am in the camp that is concerned about super intelligence."
- Bill Gates

„Artificial intelligence will reach human levels by around 2029. Follow that out further to, say, 2045, we will have multiplied the intelligence, the human biological machine intelligence of our civilization a billion-fold."
- Ray Kurzweil

"There is no reason and no way that a human mind can keep up with an artificial intelligence machine by 2035."
- Gray Scott

"The new spring in AI is the most significant development in computing in my lifetime. Every month, there are stunning new applications and transformative new techniques. But such powerful tools also bring with them new questions and responsibilities."
- Sergey Brin

"Ultimately, AIs will dematerialize, demonetize and democratize all of these services, dramatically improving the quality of life for 8 billion people, pushing us closer towards a world of abundance."
- Peter Diamandis

Neutral

"If a machine is expected to be infallible, it cannot also be intelligent."
- Alan M. Turing

"Is artificial intelligence less than our intelligence?"
- Spike Jonze

"Artificial intelligence would be the ultimate version of Google. The ultimate search engine that would understand everything on the web. It would understand exactly what you wanted, and it would give you the right thing. We're nowhere near doing that now. However, we can get incrementally closer to that, and that is basically what we work on."
- Larry Page

Kritisch

„I fear that AI (Artificial Intelligence) may replace humans altogether. If people design computer viruses, someone will design AI that replicates itself."
- Stephen Hawking

"Some people call this artificial intelligence, but the reality is this technology will enhance us. So instead of artificial intelligence, I think we'll augment our intelligence."
- Ginni Rometty

"Before we work on artificial intelligence why don't we do something about natural stupidity?"
- Steve Polyak

"AI will probably most likely lead to the end of the world, but in the meantime, there'll be great companies."
- Sam Altman

„With artificial intelligence we are summoning the demon."
- Elon Musk

"AI doesn't have to be evil to destroy humanity – if AI has a goal and humanity just happens in the way, it will destroy humanity as a matter of course without even thinking about it, no hard feelings."
- Elon Musk

Durch die Wirkung dieser Zitate hoffe ich, dass Sie ähnlich von diesem Thema fasziniert wurden und den Drang verspüren, die vielen Kontroversen dieser Zitate mit ihrem eigenen Standpunkt sachlich und fachlich, aber auch emotional vertreten zu können.

Inhaltsverzeichnis

Abstract (Deutsch) III

Abstract (English) IV

Vorwort V

Abbildungsverzeichnis IX

Abkürzungsverzeichnis X

1 Einleitung 1

    1.1 Relevanz des Themas 1

    1.1 Zielsetzung & Anwendung 2

2 Menschliche & Künstliche Intelligenz 3

    2.1 Begriffliche Einordnung und Definition 3

    2.2 Unterteilung Menschliche Intelligenz 4

    2.3 Ansätze möglicher Klassifizierung und Gruppierung der KI 6

    2.4 Entwicklung der künstlichen Intelligenz 12

    2.5 Technische Möglichkeiten 18

3 Neuronale Netze 23

    3.1 Aufbau eins Neurons 23

    3.2 Funktionsweise eines Neurons 24

4 Künstliche Neuronale Netze 25

    4.1 Künstliche Neuronen 25

    4.2 Schichten von Neuronalen Netzen 26

    4.3 Mathematische Simulation des biologischen Vorbilds 28

    4.4 Netztopologie 32

    4.5 Regression und Klassifikation durch Neuronale Netze 34

    4.6 Optimierung und Fehlerminimierung von Neuronalen Netzen 35

    4.7 Probleme Neuronaler Netze 36

5 Maschinelles Lernen **38**

5.1 Überwachtes Lernen – Supervised Learning........... 38

5.2 Unüberwachtes Lernen – Unsupervised Learning........... 39

5.3 Verstärkendes Lernen – Reinforcement Learning........... 39

6 Anwendung der KI **40**

6.1 Anwendung in der Wirtschaft........... 41

7 Gesellschaftliche Aspekte **48**

7.1 Ökonomischer Blickwinkel........... 48

7.2 Ethischer und Sozialer Blickwinkel........... 52

8 Ausblick und Fazit **53**

Literaturempfehlung **55**

Literaturverzeichnis **56**

Abbildungsverzeichnis

Abbildung 1: Prognose über jährlich genierte digitale Daten weltweit 1

Abbildung 2 Zusammensetzung „Genereller Intelligenz" nach Wahlster 4

Abbildung 3: Dimensionale Methoden Einteilung 9

Abbildung 4: Klassifizierung KI 12

Abbildung 5 Meilensteine der Künstlichen Intelligenz ab 1950 14

Abbildung 6 Die Geschichte der verschiedenen KI-Ausrichtungen 17

Abbildung 7 Komponenten eines Von-Neumann-Rechners 18

Abbildung 8 Schematischer Aufbau eines Von-Neumann-Rechners mit dem zugehörigen Bussystem 19

Abbildung 9 Vergleich GPU und CPU 20

Abbildung 10 Matrizenmultiplikation 21

Abbildung 11: Typische Struktur eines Neurons mit in der Peripherie befindlichem Axon 23

Abbildung 12 McCulloch-Pitt's Neuron 25

Abbildung 13 Beispiele von Aktivierungsfunktionen 26

Abbildung 14 Feed-Forward Netz 26

Abbildung 15 Zwei Stufen der Modellierung eines neuronalen Netzes 28

Abbildung 16 Die Struktur eines formalen Neurons, das auf die gewichtete Summe aller Eingaben die Aktivierungsfunktion f anwendet 30

Abbildung 17 Hopfield-Netz mit vier Neuronen 33

Abbildung 18 Vereinfachte Architektur eines Deep Learning Netzwerks 36

Abbildung 19: Aktueller Erfolg der KI 41

Abbildung 20 Business KI Framework 42

Abbildung 21 Use Cases für das KI-Business-Framework 44

Abbildung 22 Wachstum der Digital-Jobs in Deutschland 49

Abbildung 23 Entwicklung der durchschnittlichen Wochenarbeitszeit 49

Abbildung 24: Finanzierung von KI-Startups 50

Abbildung 25 Regionale Finanzierung von KI-Startups 50

IX

Abkürzungsverzeichnis

Abb.	--	Abbildung
KI	--	Künstliche Intelligenz
GPU	--	Graphic Processing Unit
CPU	--	Central Processing Unit
ALU	--	Arithmetic Logic Unit
I/O	--	Input/Output
SMT	--	Simultaneos multithreading
GPGPU	--	Genaral Purpose Copulation on Graphic Processing Unit
UL	--	Unsupervised Learning
SL	--	Supervised Learning
AI	--	Artificial Intelligence
NLP	--	Natural Language processing
SOM	--	Self-Organizing Map

1 Einleitung

1.1 Relevanz des Themas

Die Weiten des Universums und die Intelligenz haben zwei Dinge gemeinsam, sie „begeistern und fesseln" den Menschen und sind nach heutiger Reflexion des Forschungsstandes weitgehend unerforscht.

Bis heute ist die genaue Funktionsweise unseres Gehirns noch unerforscht. Wenn man bedenkt, dass unser Gehirn etwa 86 Milliarden Nervenzellen besitzt und diese durch etwa 86 Billionen Synapsen miteinander verbunden sind, die sich durch dreidimensionales biologisches Gewebe ziehen, wird uns schnell die immense Komplexität bewusst. ([19] Prof. Dr. Leo Peichl 2015)

Auf der anderen Seite Leben wir in einer Welt, in der sich weltweit das Volumen der jährlich generierten, digitalen Datenmenge verdoppelt.

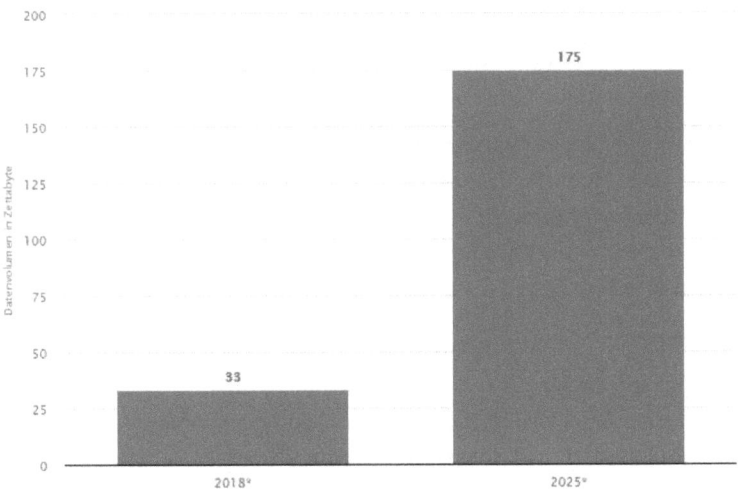

Abbildung 1: Prognose über jährlich generierte digitale Daten weltweit (1 Zetabyte entspricht 1 Billionen Gigabyte) ([20] Statista GmbH 2018)

Kein Wunder also, warum es sich heutzutage mehr denn je anbietet zur Verarbeitung dieser enormen Datenmenge Ansätze in der Neurobiologie zu suchen. Dessen neuronale Netze die Fähigkeit besitzen, durch hohe Parallelität und adaptive Strukturen Muster zu bilden, die die Essenz aus Datenfluten filtern.

Die vielen Begriffe, die heute mit Künstlicher Intelligenz verbunden werden, sind für „Außenstehende" kaum zuordbar und werden zur Lösung der verschiedensten Herausforderungen der heutigen Zeit betrachtet. Wobei viele dieser Begriffe schon seit vielen Jahrzehnten existieren und durch ihre Präsenz in letzter Zeit ihren „zweiten Frühling" erleben.

Durch die enorme Vielfalt an Ansätzen, Methoden und verschiedener Begriffe, ist nicht nur die Kategorisierung und Definition von Künstlicher Intelligenz sehr undurchsichtig, sondern auch der gegenwärtige Forschungsstand sowie die Möglichkeiten und Erfolge in der praktischen Umsetzung.

Oft erweckt die Künstliche Intelligenz den Anschein ein „Allerheilmittel" für jegliche Krankheiten im Sinne von ungelösten Herausforderungen zu sein. Viel mehr jedoch müssen die verschiedenen „Krankheiten", wie in der Medizin, zuerst einmal kategorisiert werden um im Anschluss für dessen „Heilung" das wirkende Heilmittel aus einer Vielzahl von Optionen zusammengestellt werden.

1.1 Zielsetzung & Anwendung

Zielsetzung

Die Arbeit soll die Entwicklung und den heutigen Stand zum Thema Künstliche Intelligenz beleuchten. So dass es möglich ist, diese zu verstehen und abzugrenzen. Des Weiteren wird versucht die vielen Fassetten und verschiedenen Bereiche einzugliedern und zu kategorisieren um ein allgemeingültiges und verständliches „Bild" zu schaffen.

Anwendung

Die Arbeit soll die heutigen Anwendungsbereiche anhand von Beispielen offenlegen und dem Leser die Möglichkeit geben, potenzielle Anwendungsbereiche mit Hilfe des heutigen Forschungsstand zu erkennen

2 Menschliche & Künstliche Intelligenz

2.1 Begriffliche Einordnung und Definition

Bevor man sich mit künstlicher Intelligenz auseinandersetzt, ist es zuerst einmal wichtig, das Wort Intelligenz, für das es keine allgemeingültige Definition gibt, versucht zu verstehen.

Wie lassen sich also bestimmte menschliche Fähigkeiten, die als intelligent angesehen werden auf Maschinen übertragen, für deren vermuteten Ursprung wir noch keine allgemeingültige Definition haben?

Ansatz dieser Arbeit ist es, menschliche Intelligenz zu unterteilen und zu versuchen sie auf Gebiete der KI zu reflektieren.

2.1.1 Arbeitsdefinition Intelligenz

Für diese Arbeit steht die Aneignung von kognitiven Fähigkeiten (siehe Unterteilung menschliche Intelligenz) des Menschen, wie Lernen, Problemlösung und Mustererkennung im Vordergrund und wird als zu fokussierender Teilaspekt der menschlichen Intelligenz betrachtet.

2.1.2 Definition Künstliche Intelligenz

Der Begriff „Künstliche Intelligenz" bietet einen scheinbar unbegrenzten Interpretationsraum und beherbergt eine immer weiterwachsende und verwirrende Anzahl von Schlagwörtern der Informatik.

Wie auch die Definition der menschlichen Intelligenz vom Gesichtspunkt der jeweilig erforderlichen Anforderung abhängig ist, ist auch deren interdisziplinäre Nachahmung, die künstliche Intelligenz nicht einfach und prägnant zu definieren.

2.1.3 Arbeitsdefinition Künstliche Intelligenz

Unter künstlicher Intelligenz wird in dieser Arbeit ein Zusammenschluss von Technologien verstanden, der menschliche Fähigkeiten im Sehen, Hören, Analysieren, Entscheiden und Handeln nachahmt und oder ergänzt.

2.2 Unterteilung Menschliche Intelligenz

Für die Unterteilung der menschlichen Intelligenz wird die Methode nach Wolfgang Wahlster genutzt, die im Abb. 3 dargestellt ist.

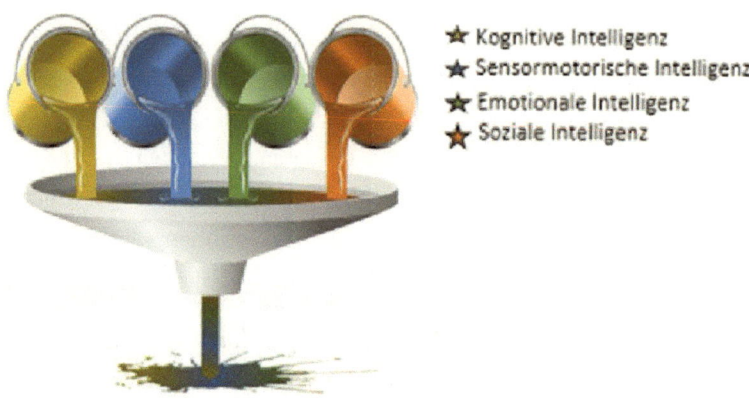

Abbildung 2 Zusammensetzung „Genereller Intelligenz" nach Wahlster

2.2.1 Kognitive Intelligenz

Kognition beschreibt den Zusammenschluss aller mentalen Vorgängen und Wahrnehmungen, die Informationen mit Hilfe von Fähigkeiten wie Verarbeitungsvermögen, Aufmerksamkeit, Kreativität, Organisation, Erinnerungs- und Lernvermögen zu einer bestimmten Schlussfolgerung oder Ergebnis führen. ([23] Werner Stangel 2019)

Gegenüberstellung zur Maschine:

Maschinen erzielen im Bereich der Kognition weitgehend Erfolge, die den Menschen in einzelnen Bereichen sogar übertreffen können, beispielsweise in den Denk- und Strategiespielen Schach und Go.

Das Aufnehmen, Erlenen, Kombinieren und Schlussfolgern von Wissen beherrschen Maschinen in einzelnen Bereichen (Beispiele in Economic Use Cases). ([44] Wikipedia 2019)

2.2.2 Sensomotorische Intelligenz

Unter Sensormotorik wird die Interaktion von sensorischen und motorischen Einsätzen verstanden. ([36] Wikipedia 2018)

Elektronisches Pendant menschlicher Sinne:

Vergleichen wir einzelne Sinnesorgane mit den heutigen Möglichkeiten, wird deutlich, dass die heutige Technik in vielen sensorischen Bereichen überlegen ist:

- Sehen = Kameras sind dem menschlichen Auge in Auflösung und Blickweite überlegen, auch Erfassungen im Infrarot und UV-Bereich sind im Gegensatz zum menschlichen Auge möglich.
- Hören = Mikrofone können wesentlich geringe Lautstärken und größere Frequenzbereiche erfassen.
- Riechen & Schmecken = Sogenannte „Elektronische Nasen" liefern durch mikroelektronische Gassensoren elektronische Daten zur Messung der Gaskonzentration geruchloser und auch geruchsaktiven Gase. ([40] Wikipedia 2018)

Durch thermische und elektrische Impedanz-Spektroskopie können durch elektronische Leitfähigkeits- und thermische Prüfung aussagekräftige Daten zur Eigenschaft von Flüssigkeiten in Speisen gewonnen werden. ([11] Jägle 2015)

- Fühlen = Durch Druck-, Temperatur-, und Tastsensoren lässt sich die menschliche Fähigkeit des Fühlens durch sogenannte „Elektronische Haut" nachahmen.

Einzig in Bezug auf die Kombination der Sinneseindrücke ist der Mensch zurzeit noch überlegen. Zwar sind Maschinen wie der Mensch in der Lage Hindernissen automatisch auszuweichen, beispielsweise autonomes Fahren. Jedoch ist es Maschinen trotz präziserer Daten einzelner Sensoren nicht möglich eine menschlich ebenbürtige Interaktion dieser Sensoren und dessen instinktive und emotionale Schlussfolgerungen nachzuahmen. Siehe Emotionale Intelligenz. ([44] Wikipedia 2019)

2.2.3 Emotionale Intelligenz

Die Fähigkeit menschliche Gefühle, ganz gleich ob eigen oder fremd wahrzunehmen, zu verstehen und zu beeinflussen wird als Emotionale Intelligenz definiert. ([44] Wikipedia 2019)

Gegenüberstellung zur Maschine:

Durch technischen Fortschritt ist eine Sentimentanalyse durch Maschinen möglich. Das bedeutet, die Fähigkeit durch Beobachtung von Gestik, Körpersprache und Gesichtsausdrücken jeweilige Emotionen zuzuordnen. Dies wird im Praxisbeispiel EyeQuant, welchs im Kapitel X zu finden ist.

Was heutzutage nicht auf Maschinen übertragbar ist, ist die menschliche Fähigkeit ein Bewusstsein zu bilden und Sympathie, Empathie, Freude, Liebe, Angst, Mitleid und andere Gefühle zu empfinden oder sich in andere Menschen einzufühlen und emotional handeln. ([44] Wikipedia 2019)

2.2.4 Soziale Intelligenz

Soziale Intelligenz ist die Fähigkeit, in einem sozialen Umfeld situationsgerecht und angemessen zu agieren. ([44] Wikipedia 2019)

Gegenüberstellung zur Maschine:

Auf diesem Gebiet kann die Forschung noch keine bekannten positiven Erfolge vorweisen. ([44] Wikipedia 2019)

Beispielsweise der Chatbot Tay von Microsoft, der selbstständig lernen sollte mit Menschen über Twitter personalisiert zu kommunizieren. Nach 16 Stunden wurde er wegen Völkermord bejahenden Kommentaren abgeschaltet. ([50] Wikipedia 2019)

2.3 Ansätze möglicher Klassifizierung und Gruppierung der KI

Eine einheitlich klar voneinander abgegrenzte Klassifizierung der KI gestaltet sich aufgrund der hohen Komplexität, Interdisziplin und der Überlappung der verschiedenen Teilgebiete sehr schwierig. Zudem kommen die bereits erwähnten fehlenden einheitlichen Definition der KI, die eine Abgrenzung je nach Blickwinkel erschweren. ([9] Gentsch 2018, S. 30)

2.3.1 Unterscheidung Schwache und Starke KI

Um eine Unterscheidung der Künstlichen Intelligenz in Schwache und Starke Intelligenz vorzunehmen, eignet sich der in **Unterteilung Menschlicher Intelligenz** gewählte Ansatz gut. So beschäftigt sich die Schwache Intelligenz in der Regel mit konkreten Anwendungsproblemen, die sich meist auf die Unterstützung einer „Kategorie" von Intelligenz beschränkt. Also eine Imitation von intelligentem Verhalten ohne bewusstseinsähnliches Verhalten. Wobei die Starke KI sich mit der

Anwendung aller einzeln beschriebenen Intelligenzen und dem daraus resultierenden Verhalten in Form von nachdenken und Problemlösung, sprich der „Generellen Intelligenz" inklusive eines Bewusstseins beschäftigt. ([22] Stefan Nordhausen 2017)

2.3.1.1 Schwache KI

Konkrete Beispiele für Schwache Intelligenz sind:

- Expertensysteme
- Korrekturvorschläge
- Spracherkennung, wie:

2.3.1.2 Natural Language processing (NLP)

NLP ist eine Disziplin der Künstlichen Intelligenz und beschreibt die Fähigkeit der maschinellen Verarbeitung, des Verstehens und Generierung von menschlicher Sprache in gesprochener oder schriftlicher Form. Diese Technik lässt Computer von ausschließlich formalisierten Programmiersprachen entfernen und „lernt" Maschinen die menschliche Sprache.

Auch wenn die NLP in vergangener Zeit größte Fortschritte feiern konnte, bleibt eine der größten Herausforderungen die Semantik der menschlichen Sprache, die übergreifend keinerlei Einheit folgt und Abhängig von verschiedenster Faktoren wie Grammatik, Kultur, Zeit und Interpretation ab. Um der Maschine die Fähigkeit zu verleihen Wortbedeutungen im Kontext intuitiv richtig zu deuten, werden unter anderem verschiedene Machine Learning Methoden kombiniert. Zum Allgemeinen Fortschritt in der Computerlinguistik tragen auch in **Anwendung der KI** beschriebenen Daten- und Hardware-Faktoren ein.

Beispiele zur heutigen Anwendung werden in **Economic Use Cases** beschrieben. ([9] Gentsch 2018, S. 31)

2.3.1.3 Starke KI

Ein konkretes Beispiel für eine Starke Intelligenz existiert nach den obigen Anforderungen heutzutage noch nicht.

Ein Fallbeispiel für Starke Intelligenz wäre die Vereinigung und Erweiterung aller Fähigkeiten, die der:

- Kognitive Intelligenz
- Sensomotorischen Intelligenz

- Emotionalen Intelligenz
- Soziale Intelligenz

zugeschrieben werden.

2.3.2 Gruppierung in Symbolische und Subsymbolischer KI

Auch wenn heutzutage die strenge Unterscheidung von Symbolischer und Subsymbolischer KI durch Verschmelzung verschiedener Methoden beider Lager obsolet ist, ist es aus geschichtlicher Sicht sinnvoll, um die Entwicklung und Fortschritt zu verstehen.

2.3.2.1 Symbolische KI

Unter Symbolische KI werden Systeme verstanden, die mit Algorithmen und Methoden arbeiten, die auf einer für den Menschen verständlichen Symbolsprache basieren, sprich für dessen Vorgänge für den Menschen nachvollziehbar sind. Grundlage hierfür ist lediglich die Simulation von beobachtetem intelligentem Verhalten. Eigene Denkprozesse sind nicht angestrebt.

2.3.2.2 Beispiel:

- Regelbasierte Expertensysteme

  ([9] Gentsch 2018, S. 31)

2.3.2.3 Subsymbolische KI

Im Gegensatz zur Symbolischen KI versucht man in der Subsymbolischen KI, unter die die neuronale KI fällt, mithilfe von artifiziellen neuronalen Netzwerken Strukturen zu erschaffen, die intelligentes Verhalten mit biologieinspirierten Informationsverarbeitungsmechanismen lernen. Deren Vorgänge für den Menschen nicht gänzlich nachvollziehbar. ([9] Gentsch 2018, S. 35–37)

2.3.2.4 Beispiele:

- Künstliche Neuronale Netze, siehe Kapitel 4

2.3.3 Methodische Unterteilung der KI

Wie in Abbildung 4 dargestellt, lässt sich KI in zwei Dimensionen einteilen. Zum einen die erklärten Symbolischen und Neuronalen-Systeme und zum anderen in Simulationsmethoden und phänomenologische Methoden, deren Relation in Abb.4 veranschaulicht wird.

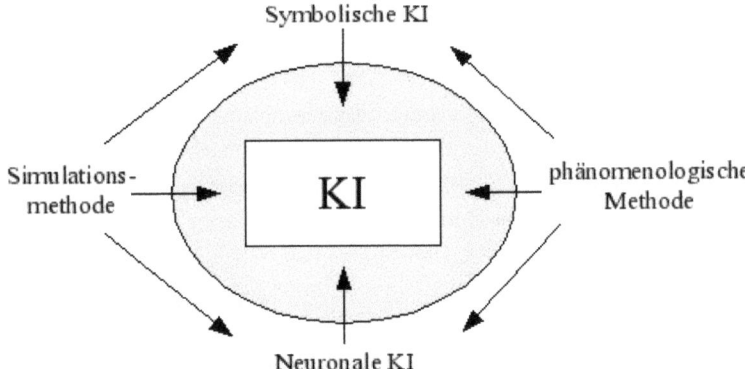

Abbildung 3: Dimensionale Methoden Einteilung ([44] Wikipedia 2019)

„Die Simulationsmethode orientiert sich so nah wie möglich an den tatsächlichen kognitiven Prozessen des Menschen. Dagegen kommt es dem phänomenologischen Ansatz nur auf das Ergebnis an." ([44] Wikipedia 2019)

Konkrete Aufgaben der KI sind:

2.3.3.1 Suchen

Zur Suche nach Lösungen zu Problemen und Herausforderungen werden verschiedenste Suchalgorithmen verwendet, beispielsweise dem A*-Algorithmus. ([44] Wikipedia 2019)

2.3.3.2 Planen

Planungssysteme bilden Problembeschreibungen, für dessen Lösung in der KI gesucht wird.

Dabei wird das Planen in zwei Phasen unterteilt:

1. **Formulierung des Ziels**: Unter Berücksichtigung von Umgebungszuständen wird die Definition eines Ziels vorgenommen. Ein Ziel besteht hierbei aus einer Menge von Umgebungszuständen, bei der die Erfüllung eines Zielprädikates gegeben ist.
2. **Formulierung des Problems**: Unter Berücksichtigung bekannter Ziele wird die Formulierung des Problems festgelegt, hierbei werden Aktionen und Berücksichtigung von Umgebungszuständen definiert.

Die daraus folgenden Aktionsfolgen, können durch Agenten* ausgeführt werden. ([44] Wikipedia 2019)

*Agenten:

Als Agent wird ein System bezeichnet, dass aus informationsverarbeitend aus einer Eingabe eine Ausgabe erzeugt. Unterschieden wird im Hinblick der Intelligenz zwischen Agenten, die ausschließlich auf Eingaben reagieren (Reflex-Agenten) und Agenten, die bei ihren Berechnungen auch auf vorherige Daten und Eingaben zurückgreifen. ([7] Ertel 2016, S. 18–21)

2.3.3.3 Optimierungsmethoden

Zur Optimierung vieler KI-Problemen, werden strukturabhängig Evolutionäre Algorithmen*, Suchalgorithmen oder mathematische Programmierung herangezogen. ([44] Wikipedia 2019)

* „Evolutionäre Algorithmen (EA) sind eine Klasse von stochastischen, metaheuristischen Optimierungsverfahren, deren Funktionsweise von der Evolution natürlicher Lebewesen inspiriert ist". ([31] Wikipedia 2018)

2.3.3.4 Logisches Schließen

Logisches Schließen ist ein Verfahren, um logische Allgemeingültigkeit von Formeln zu beweisen.

Bestandteile:

- Variablen: z.B. Buschstaben (A,B,C etc.), die als Leerstellen für Zahlen dienen.
- Rechenoperationen: z.B. +,-
- Logische Junktoren: z.B. „und" (^), „oder" (_), „wenn-dann" (!), „nicht" (:)

Beispiel:

> „So ist z. B. A ^ B eine logische Formel, die durch Einsetzung der wahren Aussagen 1 + 3 = 4 für A und 4 = 2 + 2 für B in die wahre Aussage 1 + 3 = 4 ^ 4 = 2 + 2 übergeht. In der Arithmetik ergibt sich daraus der wahre Schluss 1+3=4 ^ 4=2+2 ! 1 + 3 = 2 + 2. Allgemein ist aber der Schluss A ^ B!C nicht wahr. Demgegenüber ist der Schluss A ^ B!A logisch allgemeingültig, da für die Einsetzung von beliebigen wahren oder falschen Aussagen für A und B sich immer eine wahre Gesamtaussage ergibt."

([16] Mainzer 2016, S. 15–18)

2.3.3.5 Approximationsmethoden

Die Approximation beschreibt mathematisch ein Verfahren zur Annäherung von Zahlen, geometrischen Objekten, Funktionen und Ordnungen. Wie auch im maschinellen Lernen, geht es in vielen Anwendungen um die Ableitung allgemeiner Regeln aus einer Menge von Daten. ([44] Wikipedia 2019; [29] Wikipedia 2018)

Eine Herausforderung der KI besteht in der modellfreien Approximation, sprich die Approximation von Daten ohne Wissen über Dateneigenschaft und Anwendung, dessen Lösung mit Hilfe von neuronalen Netzen gute Erfolge verzeichnet, siehe **Deep-Learning**.([7] Ertel 2016, S. 299–301)

2.3.4 Interdisziplin und angrenzende Wissenschaften

Die künstliche Intelligenz beherbergt Ansätze, wie die Neuronalen Netze, die hauptsächliche der Neuroinformatik, einer Fusion der Informatik und der Neurobiologie zuzuordnen sind. Doch es sind auch viele andere Wissenschaften der künstlichen angegrenzt, die von ihrer Erforschung und Fortschritt profitieren.

Wissenschaften	Verknüpfung zur KI
Linguistik	Computerlinguistik, maschinelle Sprachverarbeitung
Psychologie	Ausprägung Kognitiver Fähigkeiten
Philosophie	Denkweisen, Bewusstsein
Medizin	Expertensysteme, Neurologie
Physiologie	Robotik

Abschließend zur Klassifizierung der KI ist in Abbildung 5, ein anschauliches Beispiel, dass die Künstliche Intelligenz als Bezugspunkt für die verschiedensten Wissenschaften darstellt und eine Aufteilung in Methoden und Anwendungen, sowie dessen Beziehungen untereinander zeigt. Auch kann man deutlich sehen, dass eine allgemeine Künstliche Intelligenz nicht existiert.

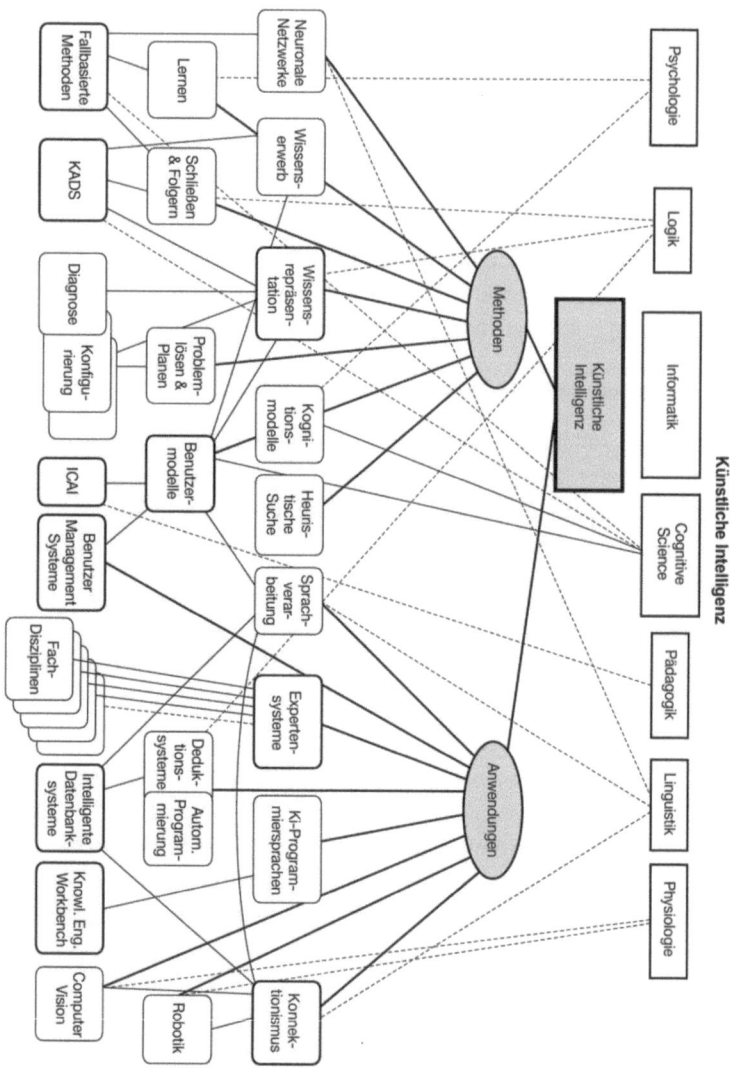

Abbildung 4: Klassifizierung KI ([53] Wirtschaftslexikon Gabler 2018)

2.4 Entwicklung der künstlichen Intelligenz

Bevor die fachbezogene Geschichte der künstlichen Intelligenz betrachtet wird, ist es interessant zu sehen, dass der Ursprung des Menschheitstraums des maschinellen Ebenbilds in Form von Automaten bereits in der Antike existierte.

In der heutigen Zeit wird der Begriff "Automat" für Maschinen verwendet, die Warenausgabe oder Dienstleistungen verrichten. Beispielsweise Bank-, Spiel- und Verkaufsautomaten. ([32] Wikipedia 2018)

Der Begriff "Automat" leitet sich aus dem lateinischen Lehrwort automatus ab, was so viel wie freiwillig, aus eigenem Antrieb handeln bedeutet. Das griechische Wort „automatos" setzt sich aus den Wortbestandteilen „autos", zu Deutsch selbst, selbsttätig und dem Partizip „matos" der altgriechischen Wurzel „denken, wollen". zusammen. ([32] Wikipedia 2018)

So ist es kein Wunder, dass auch die griechische Mythologie von künstlichen Tieren, sprechenden Statuen oder selbstfahrenden Fahrzeugen erzählt. Hier finden sich auch die ersten historisch belegten Automaten mit geringen Nützlichkeitsaspekt, zum Beispiel die Werke von Heron von Alexandria wie der singende künstliche Vogel ([51] Wikipedia 2019), mit dessen Hilfe die Natur abgebildet und erforscht wurde. Auch in den folgenden Epochen macht sich die technische Entwicklung von Automation im ursprünglichen Sinne bemerkbar, wie zum Beispiel die Roboterkonstruktionspläne von Leonardo da Vinci, die menschliche Bewegung nachahmen oder das Streben einer „Universalmathematik" von Gottfried Wilhelm Leibniz das Denken und Wissen auf mathematische Rechnungen zu übertragen. ([47] Wikipedia 2019; [16] Mainzer 2016, S. 8)

Pierre-Simon Laplace, ein französischer Mathematiker, wurde mit seiner Idee des Laplaceschen Dämons noch konkreter, dieser Vorstellung nach gleiche das Universum einem mechanischen Uhrwerk, aus dem sich eine „Weltformel" ableiten ließ, die jeden vergangenen und zukünftigen Zustand berechenbar macht. ([43] Wikipedia 2019)

So muss zwar klar zwischen der heutigen „Künstlichen Intelligenz" und einem Automaten und anderen Ansätzen unterschieden werden, jedoch zeigt die Geschichte auf, dass das Gedankenfundament, das Grundalge für Forschung in vielen wichtigen Bereichen, die heute in die KI einfließen, bereits mindestens 2800 Jahre alt ist.

Geschichtliche Entwicklung der Künstlichen Intelligenz

Als Geburtsstunde der „Künstlichen Intelligenz" als akademisches Fachgebiet gilt die *„Summer Research Project on Artificial Intelligence"* Konferenz von 1956 am Dartmouth College in New Hampshire. ([35] Wikipedia 2018)

Doch schon früher wurde sich mit mathematischen Grundlagen und Intelligenten Maschinen auseinandergesetzt, wie in Abb. 7 zu sehen.

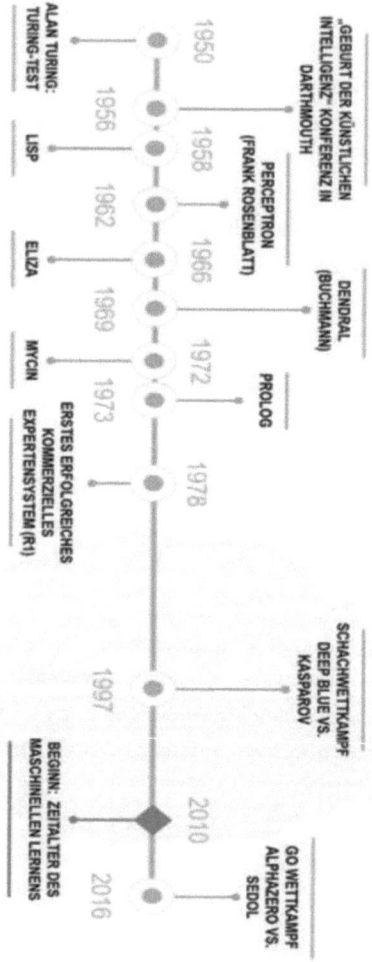

Abbildung 5 Meilensteine der Künstlichen Intelligenz ab 1950 ([4] Buxmann und Schmidt 2019)

1929-1936 Kurt Gödel, ein österreichischer Mathematiker, Philosoph und Logiker prägt die Prädikatenlogik durch den Gödelschen Vollständigkeitssatz (1929) und Unvollständigkeitssatz (1931). Den Schluss aus dem Unvollständigkeitssatz, dass es je nach Komplexität wahre Aussagen gibt, die nicht bewiesen oder widerlegt werden können, ist Analog zu dem Halteproblem von Alan Turing (1936). Der mit Hilfe der Turingmaschine beweist, dass die Ausführung eines werteunabhängigen Algorithmus nicht terminiert. Also algorithmisch nicht entscheidbar sind. ([7] Ertel 2016, S. 6–8; [46] Wikipedia 2019; [37] Wikipedia 2018)

1943-1955 Warren McCulloch und Walter Pitts stellen erstes Neuronales Modell vor und legen den Grundstein für der Künstlichen Neuronalen Netze (1943). Donald Hebb beschreibt Hebbsche Lernregel (1949) **Siehe Kapitel 4.** ([45] Wikipedia 2019)

Durch den Turing-Test (1950) definierte Alan Turing, dass von maschineller Intelligenz gesprochen wird, wenn das maschinelle Verhalten nicht von menschlichen unterscheidbar erscheint. Dazu eignet sich eine menschliche Befragung von 2 Gesprächspartnern über eine Tastatur. Die 2 Gesprächspartner bestehen jeweils aus einem Menschen und einer Maschine. Der Test gilt als bestanden, wenn der Fragesteller die Maschine nicht identifizieren kann. ([48] Wikipedia 2019)

Marvin Lee Minsky entwickelte 1951 SNARC (Stochastic Neural Analog Reinforcement Calculator), eine neuronale Netzmaschine, die 40 Synapsen mit der Hebb-Regel verbindet. ([27] Wikipedia 2018)

Des Weiteren entwickelte Arthur Lee Samuel 1955 eine der ersten lernfähigen Anwendungen, ein lernfähiges Dame-Programm, welches auf Alpha-Beta-Suche basierte. ([26] Wikipedia 2018)

1956 Die bereits beschriebene *„Summer Research Project on Artificial Intelligence"* Konferenz prägt den Namen „Künstliche Intelligenz". Das erste Programm, das als Künstliche Intelligenz bezeichnet wurde, der Logic Theorist, wurde auf der selbigen Konferenz von Allen Newell und Herbert A. Simon präsentiert. ([35] Wikipedia 2018; [38] Wikipedia 2018)

1958-1982 Die damals richtungsweisende Programmiersprache LISP wird von John McCarthy ins Leben gerufen (1958). Der General Problem Solver (GPS, 1961) ist ein gescheiteter Versuch der Erfinder des Logic Theorist, menschliches Denken zu imitieren. Was den Fokus der Zeit auf Expertensysteme lenkte. Der Algorithmus für Resolution (1965) von Robinson erfunden, die Resolution geht auf Davis und Putnam (1960) zurück. Jospeh Weizenbaum entwickelt ELIZA (1966), ein

Programm zur Kommunikation zwischen Menschen und Maschine in natürlicher Sprache.1972 wird Prolog erfunden, eine Programmiersprache, die auf Prädikatenlogik basiert. Es werde außerdem Expertensysteme von Alain Colmerauer (1972) sowie Shortliffe und Buchanan (1976) für medizinischen Gebrauch entwickelt. Der erste große wirtschaftliche Erfolg von Methoden der KI wird durch das Expertensystem R1 (1982) zur Konfiguration von Computern in Form von einer jährlichen Ersparnis von 40 Millionen Dollar verzeichnen. ([34] Wikipedia 2018; [25] Wikipedia 2018; [7] Ertel 2016, S. 6–8; [42] Wikipedia 2019)

1986-1995 Die neuronalen Netze werden durch Backpropagation von David E. Rumelhart, Geoffrey E. Hinton und Ronald J. Williams wieder in den Fokus von KI gerückt (1986). Maschinelles vorlesen von Texten wird durch Nettalk ermöglicht. Die Wahrscheinlichkeitstheorie wird durch Bayes-Netze in KI integriert und Multiagentensysteme gewinnen an Zuspruch (1990). Wladimir Wapnik entwickelt heute relevante Support-Vektor-Maschinen und eine statistische Lerntheorie (1995). ([7] Ertel 2016, S. 6–8)

1996-2017 Der Schachcomputer Deep Blue von IBM besiegt den menschlichen Schachweltmeister Gary Kasparov (1996). Die Robotik wird ein immer populärerer Teil der KI. Autonome Roboter treten im ersten internationalen Robot Soccer World Cup gegeneinander an (1997). Servicerobotik wird dominantes Forschungsgebiet (2006). Autonomes Fahren wird geboren, Googles Self Driving Car fährt autonom auf dem Freeway in Kalifonien. Autonome Roboter verbessern durch Lernen ihr Verhalten. IBMs Software Watson tritt erfolgreich in einer Fernsehshow auf und schlägt durch Verständnis natürlicher Sprache und schneller Beantwortung anspruchsvoller Fragen 2 menschliche Experten (2011). Die Google Self Driving Cars sind 1,6 Millionen Kilometer autonom gefahren (2015). Durch Deep-Learning können Fotos hervorragend klassifiziert werden, Kreativität wird maschinell durch Erstellung von Gemälden ermöglicht (2015). AlphaGo von Google schlägt weltbeste Go-Spieler (2016), auf dem Gebiet Mustererkennung und Lernen durch Verstärkung ist Deep Learning sehr erfolgreich. Die chinesischen Forscher Feng Liu, Yong Shi und Ying Liu führten mit künstlichen Intelligenzen wie Google KI oder Apple Siri Intelligenz-Test durch, deren Bestwert bei 47 liegt (2017). ([33] Wikipedia 2018; [7] Ertel 2016, S. 6–8; [49] Wikipedia 2019)

Zusammenfassend lässt sich die Entwicklung und heutige Relevanz der KI-Ansätze in Abb. 7 gut darstellen. In der Phase 1929-1955 wurden wichtige Grundlagen für die heutige KI geschaffen, wie zum Beispiel die neuronalen Netze. Prägend für die KI war das Jahr 1956. In der darauffolgenden Zeit wurden verschiedene Ansätze verfolgt und die Expertensysteme geschaffen. Ausschlaggebend für die heutige KI ist die Zeit nach 1986, in der die Backpropagation die neuronalen Netze wiederbelebten und den Grundstein für Deep-Learning, der heute vielversprechendste Ansatz gelegt haben. Auch die heute relevanten Bayes-Netze stammen aus dieser Zeit, wie der Einbezug der schon bekannten Entscheidungsbäume und die Entwicklung der Support-Vektor-Maschinen.

2.4.1 KI Entwicklung und Verbreitung

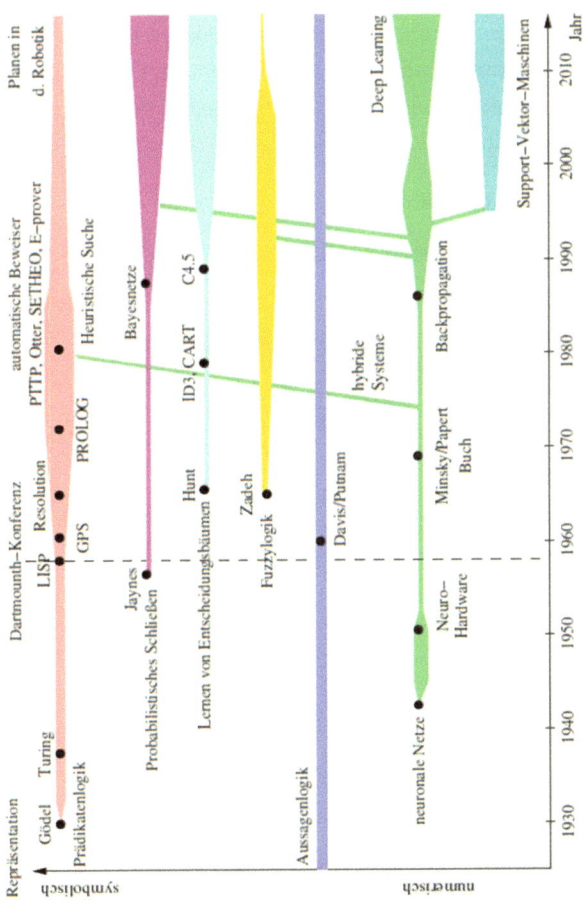

Abbildung 6 Die Geschichte der verschiedenen KI-Ausrichtungen. Die Breite der Balken soll die Verbreitung der Methode in Anwendungen andeuten ([7] Ertel 2016, S. 8)

In Abb. 6 ist die Entwicklung der KI unter der Berücksichtigung von Chronologie, Methodik, und Verbreitung gut ersichtlich. Unterschieden wird zwischen Symbolischen und numerischen (neuronalen) Methoden. Verzweigungen zwischen einzelnen Bereichen bedeuten den Zusammenschluss zu Hybridsystemen.

2.5 Technische Möglichkeiten

Ein Grund für die Stagnation der praktischen Umsetzung von theoretischen Methoden der KI waren lange die technischen Grundlagen. So hat sich bespielweise die Taktrate von Prozessoren in den letzten 25 Jahren um das 63-fache vergrößert, der Arbeitsspeicher und dessen Verarbeitungsgeschwindigkeit um ein Mehrfaches vervielfältigt. Das, die Algorithmik und die enorme Verfügbarkeit heutiger Daten, dank Clouds, ebneten die Umsetzbarkeit heutiger KI Methoden, wie zum Maschinelles Lernen. ([4] Buxmann und Schmidt 2019, S. 64)

2.5.1 Aktuelle Hardware-Lösungen

Aktuell gängig verwendete Prozessoren basieren auf der von-Neumann-Architektur von 1945.

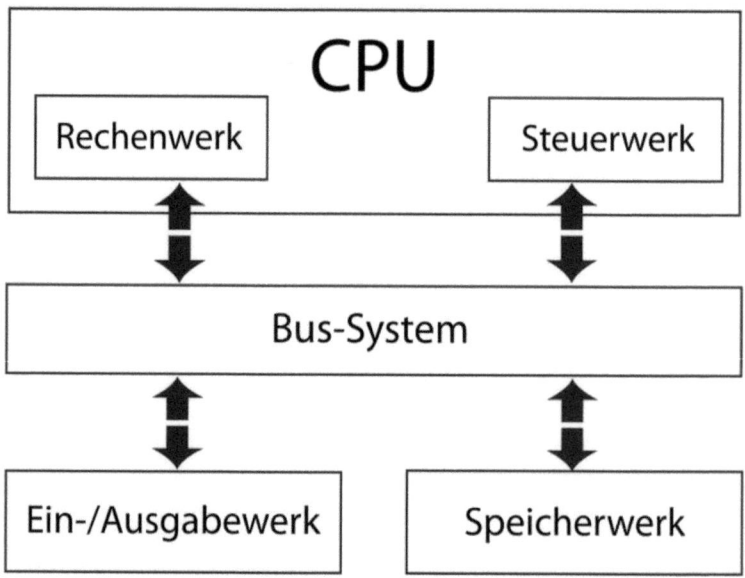

Abbildung 7 Komponenten eines Von-Neumann-Rechners ([52] Wikipedia 2019)

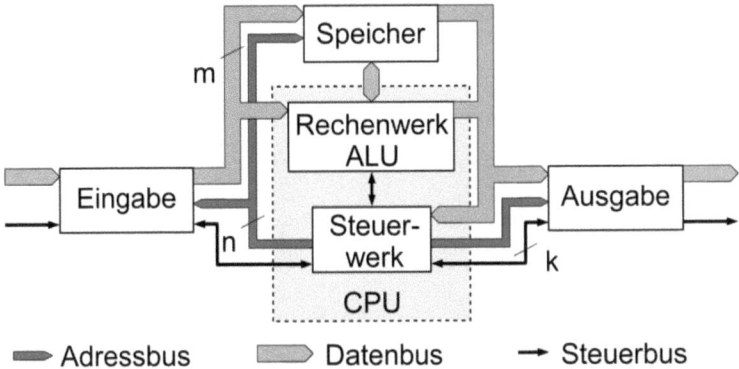

Abbildung 8 Schematischer Aufbau eines Von-Neumann-Rechners mit dem zugehörigen Bussystem ([52] Wikipedia 2019)

Charakteristisch für diese Architektur sind:

- ALU (Arithmetic Logic Unit) = Rechenwerk
- Control Unit = Steuerwerk bzw. Leitwerk
- Bussystem = Kommunikationswerk
- Memory = Speicherwerk
- I/O Unit = Eingabe-/Ausgabewerk

([52] Wikipedia 2019)

Diese Architektur, die ursprünglich für eine effiziente sequenzielle Abarbeitung von Prozessen optimiert ist, bietet heutzutage die Möglichkeit Rechnungen durch hohe Rechenleistung der einzelnen Kerne sehr schnell auszuführen. Durch moderne mehrkernige CPUs (central processing unit) und SMT (simultaneos multithreading) ist die Möglichkeit einer parallelen Prozessabarbeitung auch gegeben, jedoch ist die Anzahl dieser Parallelität begrenzt. Dies hat zur Folge, dass diese Hardware mit dem Anspruch einer hohen parallelen Verarbeitung einfacher Rechnungen nicht optimal ausgelastet werden kann, weshalb eine CPU beispielsweise zur Abbildung eines neuronalen Netzes weiterhin eher suboptimal ist.

Abhilfe im Hinblick auf optimale Hardwareauslastung zur Abbildung eines neuronalen Netzes wurde hier überaschenderweise in einer Technik für Bildausgabe gefunden, den sogenannten GPU (graphic processing unit), die zwar aus ähnlichen Bestanteilen bestehen, jedoch eine unterschiedliche Architektur aufweisen.

Menschliche & Künstliche Intelligenz

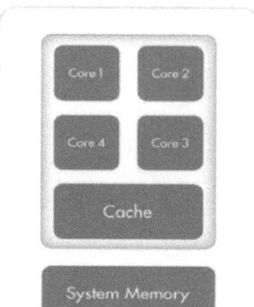
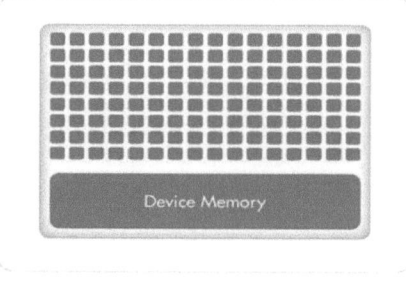

Abbildung 9 Vergleich GPU und CPU ([12] Jill Reese)

Ältere GPUs, die für die für den Graphikbereich entwickelt wurden, bestehen aus kleinen Rechenkernen (Shader), die auf eine bestimmte Funktion zur Berechnung einzelner Bildpunkte optimiert und explizit für diese Funktion bestimmt waren.

vereinfachtes Beispiel:

- Shader 1: Farbe
- Shader 2: Transparenz
- Shader 3: Geometrie

Da eine optimale Hardwareauslastung hier stark Benutzungsabhängig ist, basieren moderne GPU auf der Unifield Shader-Arichtektur, bestehend aus Shader, die universell programmierbar sind und keiner expliziten Funktion zugeordnet sind. Jeder Shader kann hier also als Universalrechenkern angesehen was die GPU zu einer GPGPU (gerneral purpose coputation on graphics processing unit) macht. Der größte Vorteil dieser Architektur ist die Möglichkeit GPGPUs jede beliebige Berechnung durchführen zulassen, die über den Graphikbereich hinausgehen.

Was diesen Kern trotz der erheblich geringeren Taktzahl im Vergleich zum CPU-Kern zur besseren Hardware-Komponente für neuronale Netze macht, ist die Anzahl tausender entsprechender Shader, die die Anzahl CPU-Kernen um das 100-fache übersteigt, sowie der um das 10-fache schneller angebundene Speicher einer Graphikkarte, der für große Datenmengen von Vorteil ist.

Was die Funktionsweise des menschlichen Gehirns durch neuronale Netze betrifft (Siehe Funktionsweise eines Neurons) ist die GPU-Architektur durch Parallelität und Taktfrequenz ähnlicher als die CPU-Architektur.

Einen noch konkreteren Vorteil bietet dies im Hinblick auf Matrixmultiplikation und Vektoraddition wie zum Beispiel in künstlichen neuronalen Netzen.

$$\begin{pmatrix} A_{11} & A_{12} \\ A_{21} & A_{22} \end{pmatrix} * \begin{pmatrix} B_{11} & B_{12} \\ B_{21} & B_{22} \end{pmatrix} = \begin{pmatrix} A_{11}B_{11}+A_{12}B_{21} & A_{11}B_{12}+A_{12}B_{22} \\ A_{21}B_{11}+A_{22}B_{21} & A_{21}B_{12}+A_{22}B_{22} \end{pmatrix}$$

Abbildung 10 Matrizenmultiplikation

Multipliziert man Matrix A mit Matrix B ergibt sich eine Matrix C, die aus 4 untereinander unabhängigen Rechnungen bestehen. Diese 4 Rechnungen können parallel ohne Warten auf Zwischenergebnisse mit niedriger Rechenleistung in 2 Schritten ausgeführt werden. Dabei können im ersten Schritt 8 Multiplikationen (A11*B11, A12*B12, etc.) und im zweiten Schritt 4 Additionen (AB11+AB12) parallel ausgeführt werden. ([54] Wittpahl 2019, S. 38–45)

2.5.2 Zukünftige Hardware-Lösungen

2.5.2.1 Neuromorphobe Chips

Zwar hatte sich Von Neumann das zentrale Nervensystem des Menschen bei dem Konzept der Rechenmaschine auch zum Vorbild genommen ([4] Buxmann und Schmidt 2019), doch wird aktuell mehr in alternativen Architekturen geforscht, die den Von-Neumann-Rechner als Basis für moderne Rechner ablösen sollen. Die Architektur durch räumlich getrennte Rechen- und Speicherwerke wird vermieden, um die daraus resultierende Latenz der Datenübertragungen zu optimieren. Stattdessen wird die Funktionsweise des Gehirns auf Grundlage von Neurowissenschaft inspirierten Architekturen basieren, den sogenannten neuromorphoben Chips (Beispiel IBM TrueNorth der eine Millionen Neuronen mit 256 Millionen Synapsen verbindet oder Universität Heidelberg BrainScales die 4 Millionen Neuronen mit einer Milliarde Synapsen in Hardware abbildet). Der größte Unterschied liegt darin, dass jedes Neuron einem eigenen Rechenkern inklusive eigenem Speicher zugeteilt ist, was der gegenseitigen Blockierung des Abrufes von Gewichtungsinformationen durch einen zentralen Speicher entgegenwirkt. Auch im Vergleich des Energieverbrauches (25 bis 275 Milliwatt) liegt diese Architektur vorne, was ein Implementieren in mobile Hardware wie Smartphones vereinfacht. Aktuelle Grenzen in neuromorphober Hardware liegen im trainieren der Netze, hier muss auf klassische Hardware zurückgegriffen werden.

Auch ist die Anwendung etablierter Software auf einer deutlich abweichenden Hardware-Architektur ein zu lösendes Problem, was dieses Thema heutzutage nur zu einer potenziellen zukünftigen Technologie macht. ([54] Wittpahl 2019, S. 44–45)([6] Gentsch 2018, S. 23)

3 Neuronale Netze

Neural networks, zu Deutsch Neuronale Netze, sind Systeme, die in ihrer Funktionsweise in Bezug auf Informationsverarbeitung dem menschlichen Nervensystem nachempfunden sind. Es beschreibt in der Neurowissenschaft eine beliebige Anzahl miteinander verbundenen Neuronen (Nervenzellen), die als Teil des menschlichen Nervensystems einen Zusammenhand bilden, der einer bestimmten Funktion dienen soll. ([39] Wikipedia 2018)

Das Nervensystem verarbeitet eine Vielzahl an Informationen der verschiedenen sensorischen und motorischen Systeme des Menschen. Die Neuronen bilden in Bezug auf Informationsverarbeitung die wichtigsten Bestandteile des Nervensystems, wobei dieses komplexe System natürlich auch aus verschiedenen anderen Zellen besteht.

Die ca. 86 Milliarden Neuronen ([19] Prof. Dr. Leo Peichl 2015) verarbeiten im Wesentlichen und großenteils parallel, diese Informationen mit gegenseitigen Interaktionen in Form von Speicherung und Weiterleitung elektrischer Aktivität.

3.1 Aufbau eins Neurons

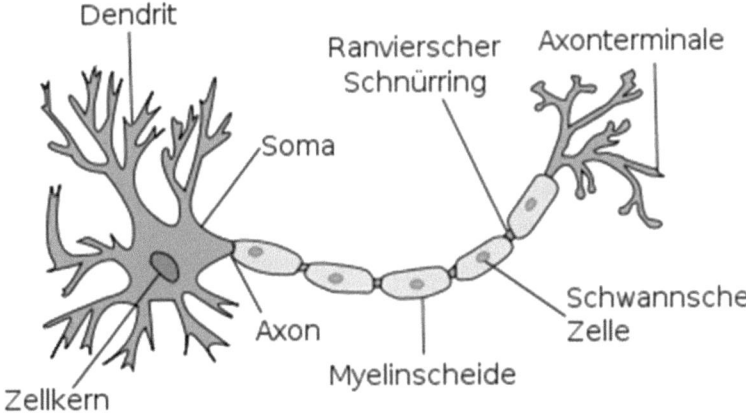

Abbildung 11: Typische Struktur eines Neurons mit in der Peripherie befindlichem Axon

Der **Zellkern** eines Neurons wird von dessen Zellkörper, dem sogenannten **Soma** mit einer gewöhnlichen Größe von 5 bis 100 μm, umschlossen. Von dem **Soma** gehen einige kurze, stark verästelte Zweige aus, die **Dendriten** genannt werden, sowie einen längeren Fortsatz, das **Axon**. Das **Axon** ist mit einer durch **Ranviersche Schnürringe** getrennte Hülle, der **Myelinscheide** umgeben und kann von wenigen Millimetern bis zu einem Meter lang sein. Jeder dieser **Myelinscheiden** wurden durch **Schwannsche Zellen** gebildet, die das **Axon** im peripheren Verlauf umhüllt und elektrisch isoliert ([13] Kirschbaum 2008). Am Ende jedes **Axon** befindet sich die **Axonterminale**, die in ihrer Beschaffenheit den **Dendriten** ähneln.

3.2 Funktionsweise eines Neurons

In einem Neuronalen Netz berühren die Axonterminale des einen Neutrons beinahe die Dendriten des anderen. Diese Unverbundene Kontaktstelle mit einem Abstand zwischen den 10 und 50 Nanometer(x) nennt sich Synapse oder auch synaptischer Spalt.

Die typischste Kommunikationsform zwischen Neuronen ist nun die Freisetzung von bestimmten Chemikalien, den sogenannten Neurotransmitter, auf Seite der Axonterminale eines **Neurons A**. Die ausgeschütteten Neurotransmitter werden wiederrum durch Membrane der Dendriten des empfangenen **Neutrons B** aufgenommen. Durch diesen Vorgang wird eine Änderung deren Polarisation der Synapse erreicht, welche je nach Art des Transmitters erhöht oder verringert wird. Ein Nervenimpuls wird ausgelöst, sobald die Summierung des elektrischen Potentials aller Synapsen des **Neurons B** (zwischen 1000 und 10000) einen bestimmten Schwellenwert erreicht. Dieser Impuls sorgt für die Ausschüttung von Neurotransmittern an den Axonterminale des **Neurons B**, welcher wiederum den oben beschrieben Prozess in Gang bringt und die Kommunikation zwischen Neuronen darstellt. ([15] Kruse et al. 2015, S. 9–11)

Je mehr elektrisches Potential eine Synapse übertragen muss, desto höher wird ihre Leitfähigkeit. Im Umkehrschluss bedeutet dies, dass gering- oder inaktive Synapsen an Leitfähigkeit abnehmen bzw. absterben. Das wirklich adaptive sind also nicht die Neuronen an sich, sondern ihre jeweiligen Synapsen. Die benötigte Zeit für einen Impuls beträgt ca. 1 Millisekunde (1000 Hertz/Sekunde Taktfrequenz), im Vergleich zu einem modernen Computer ist die Taktfrequenz dabei um das ca. 10^6 fache kleiner. Wobei jedoch im menschlichen Gehirn alle Neuronen asynchron und parallel arbeiten. ([7] Ertel 2016, S. 266–268)

4 Künstliche Neuronale Netze

4.1 Künstliche Neuronen

Künstliche Neuronen sind in der Informatik vereinfacht dargestellte Ebenbilder einer menschlichen Nervenzelle.

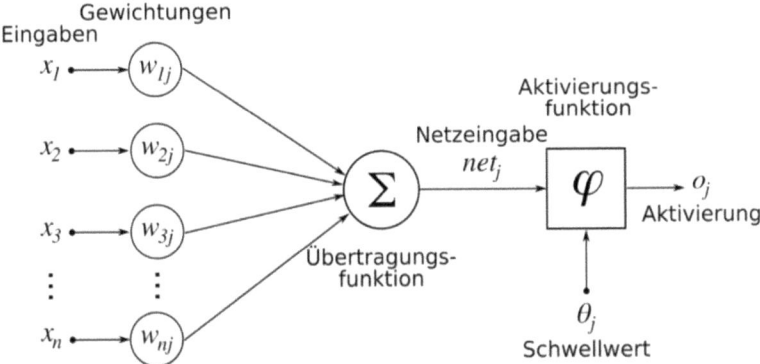

Abbildung 12 McCulloch-Pitt's Neuron ([45] Wikipedia 2019)

Input(X): Jene Inputlinien sind gleichzusetzten mit den biologischen Dendriten. Sie sind Eingang für Informationsflüsse und sind abhängig von Netzwerkarchitektur in beliebiger Anzahl vorhanden.

Informationsgewichtigung(Wnj): Jede Information, die über den Inputkanal in Form von elektrischen Signalen eintrifft, besitzt eine bestimme Gewichtung, dessen Größe ausschlaggebend zur Berücksichtigung ist. Anpassung dieser Gewichtung erfolgt über den Backpropagation-Algorithmus.

Transferfunktion(Σ): Ist die Kernfunktion des Neutrons, sie verarbeitet alle Eingangsströme und berechnet daraus einen neuen Wert. Im einfachsten Fall werden alle Eingangsströme in Summe zusammengefasst. Eine komplexere Berechnung ist in Form aber auch möglich.

Aktivierungsfunktion: Diese Funktion, meist eine Sigmoid- oder lineare Funktion, wird auf das Ergebnis aus der Transferfunktion gelegt, um den Ausgangswert eines Neutrons zu glätten. Im Zuge der Berechnung werden Ausgangswerte in Form von Erhöhung oder Minimierung an einen Wertebereich angepasst. Im Rückblick auf das biologische Vorbild imitieren diese Funktionen den Prozess der Reizweiterleitung zwischen Neuronen.

Künstliche Neuronale Netze

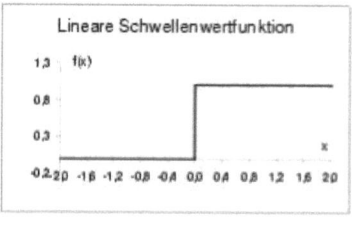
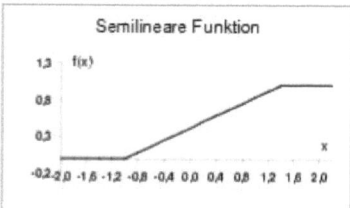
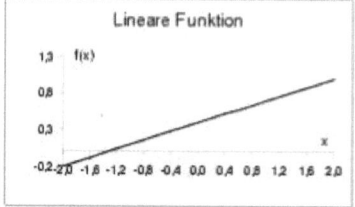
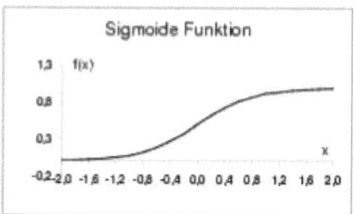

Abbildung 13 Beispiele von Aktivierungsfunktionen ([18] Oliver Sacher)

Biaswert: Im Falle keines zu berechnenden Eingangsstrom, liefert das „Bias-Neuron" einen konstanten Wert, der im Wertebereich der Aktivierungsfunktion liegt und sie, wie auch die Transferfunktion, überflüssig macht. Dieser Wert ist, ist für das Netzwerk wichtig, um eine stetige Rückmeldung an die darauffolgenden Ebenen zu liefern.

Output(Yk): Outputlinien sind dem biologischen Axon nachempfunden und sind eine Ausgangschnittstelle für Informationen.

([16] Mainzer 2016)

4.2 Schichten von Neuronalen Netzen

Die Anzahl von Schichten sind abhängig von der jeweiligen Netzwerkarchitektur.

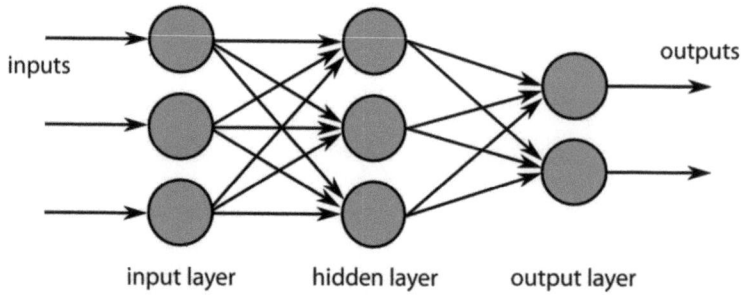

Abbildung 14 Feed-Forward Netz

Input-Layer

Die Inputebene definiert die Eingangsschnittstelle zwischen der „Außenwelt" und dem neuronalen Netzwerk. In dieser Schicht werden Informationen ungewichtet an die mit Neutronen gefüllte Hidden-Ebene.

Hidden-Layer

Ein Hidden-Layer beschreibt einen Zusammenschluss von Neutronen in einem Modell mit mindestens 3 Schichten. Wichtig ist hier, dass alle Neuronen einer Schicht nicht direkt mit einander verbunden sind, wohl aber mit allen Neuronen der vorherigen und der nachfolgenden Schicht. Hidden-Layer können in unbegrenzter Anzahl existieren.

Output-Layer

Der Output-Layer bildet die Ausgangsschnittstelle eines Netzwerks. Netzabhängig auch in mehrfacher Anzahl.

4.3 Mathematische Simulation des biologischen Vorbilds

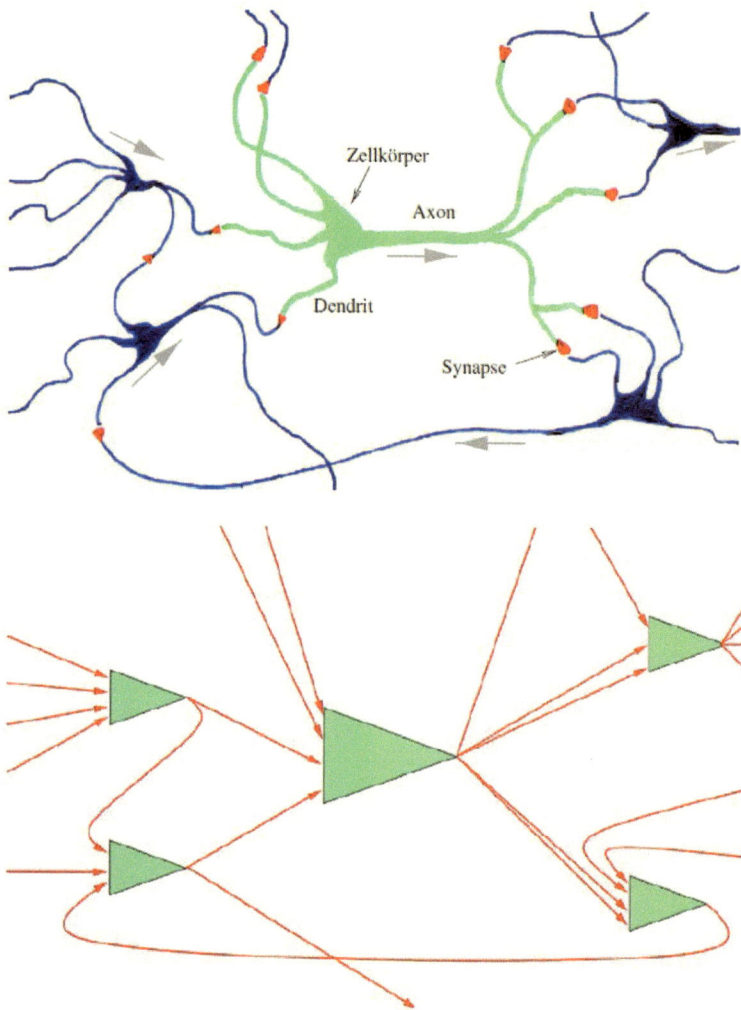

Abbildung 15 Zwei Stufen der Modellierung eines neuronalen Netzes. Oben ein biologisches Modell und unten ein formales Modell mit Neuronen und gerichteten Verbindungen zwischen ihnen ([7] Ertel 2016, S. 267)

4.3.1 Mathematische Berechnungen von Lernen

Wie in „**Funktionsweise von Neuronen**" erwähnt, wird Lernen durch Stärkung bzw. Gewichtung der Synapsen beschrieben. Je mehr Spannungsimpulse Synapsen übertragen, desto stärker werden sie. Diese Annahme ist zentraler Bestandteil der mathematischen Modellierung von lernen in neuronalen Netzen. ([7] Ertel 2016, S. 266–269)

Hebb-Regel

Die hebbsche Lernregel gilt als die erste und älteste neuronale Lernregel. Die Veränderung Gewichtung der Synapsen wird folgendermaßen errechnet:

$$\Delta w_{ij} = \eta \cdot a_i \cdot o_j$$

Dabei ist:

Δw_{ij}

- Die Veränderung der synaptischen Gewichtung des verbundenen Neurons i zu Neuron j.

η

- Beschreibt die Lernrate als konstanten Faktor

a_i

- Aktivierung von Neuron i

o_j

- Ausgabe von Neuron j, das mit Neuron i verbunden ist.

([6] Donald Hebb 2012)

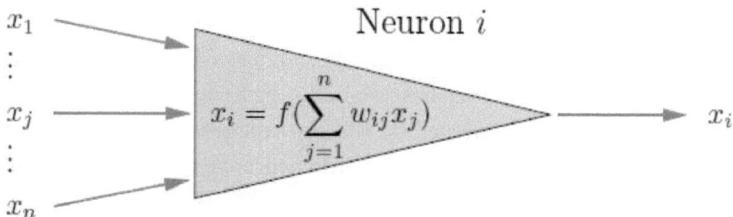

Abbildung 16 Die Struktur eines formalen Neurons, das auf die gewichtete Summe aller Eingaben die Aktivierungsfunktion f anwendet ([7] Ertel 2016, S. 269)

Dabei ist:

- i = Neuron
- x1,xj,...Xn = Eingangsstrom
- Wi= Gewichtung
- f= Aktivierungsfunktion
- Xi= Summation des Eingangstrom

Als Annahme für das mathematische Modell gilt eine diskrete Zeitskala.

In dieser diskreten Zeitskala werden die Summe der gewichteten Eingangsströme mit folgender Formel zusammengefasst.

$$\sum_{j=1}^{n} w_{ij} x_j.$$

Im Normalfall, ohne Notwenigkeit eines Bias-Wertes, bildet dieser errechnete Wert die Grundlage, auf welcher die **Aktivierungsfunktion f** angewendet wird.

$$x_i = f\left(\sum_{j=1}^{n} w_{ij} x_j\right)$$

Hintergrund für eine Aktivierungsfunktion ist, dass ein Neuron die gewichtete Summe der Eingangsströme errechnet und diese über den Output weitergibt, folglich ergibt sich das Problem, einer Werteannahme in einem unbeschränkten Bereich, wenn f(x) = x ist.

Um zu verhindern, dass die Funktionswerte im Laufe der Zeit über alle Grenzen wachsen, existieren eine Reihe von Möglichkeiten.

1. Schwellenwertfunktion (Heavisidesche Stufenfunktion

Eine Schwellenwertfunktion verarbeitet ausschließlich reelle Zahlen, mit n Eingängen, die zu einem Ausgang y zusammengefasst werden.

$$H_\Theta(x) = \begin{cases} 0 & \text{falls } x < \Theta \\ 1 & \text{sonst} \end{cases}$$

Folglich ergibt sich für das Modell:

$$x_i = \begin{cases} 0 & \text{falls } \sum_{j=1}^{n} w_{ij} x_j < \Theta \\ 1 & \text{sonst} \end{cases}$$

Sinnvoll ist eine reine Anwendung dieser Stufenfunktion für binäre Neuronen Modelle, dessen Eingangsströme aus den Werten 0 oder 1 bestehen und dessen Werte unverändert weitergeben.

2. Sigmoid-Funktion

Die Sigmoid-Funktion verhindert, durch glätten von Eingangsströmen zwischen des Wertebereich zwischen 0 und 1, eine Unstetigkeit.

$$f(x) = \frac{1}{1 + e^{-\frac{x-\Theta}{T}}}$$

$$\varphi(input) = sig(input) = \frac{1}{1 + \exp(-input)}$$

([7] Ertel 2016, S. 268-271)

4.4 Netztopologie

4.4.1 FeedForward-Netze

Das FeedForward-Netz, siehe Abb. 14, ist das erste und einfachste entwickelte künstliche neuronale Netz. Beschriebene Grundlagen in Kapitel **Neuronale Netze** beziehen sich auf diese Netzwerkarchitektur. Charakteristisch für ein FeedForward-Netz ist neben dem Aufbau, die ausschließliche Vorwärtsbewegung der Informationen, das Netz arbeitet also ohne Zyklen oder Schleifen. Hierbei liegt der Unterschied gegenüber wiederkehrenden neuronalen Netzwerken. Beispiel ist das Perzeptron. ([15] Kruse et al. 2015, S. 35)

4.4.1.1 Perzeptron

Das Perzeptron ist ein sehr simples Netz zur Klassifikation. Es wird zwischen einlagigen und mehrlagigen (MLP, multi-layer-perceptron) unterschieden. Komprimierte Daten werden in Form von Gewichtungen gespeichert, welche aus extrahierten Merkmalen bestehen. ([17] Minsky und Papert 1988)

4.4.2 Rückgekoppelte Netze

Im obigen Beispiel wurden bereits einfache vorwärtsbewegende Netze beschrieben. Netze mit Zyklen werden als rückgekoppelte Netze definiert, einer der einfachsten Formen hierbei ist das Hopfield-Netz. ([15] Kruse et al. 2015, S. 35, 119)

4.4.2.1 Hopfield Neuronal Network

1982 stellte John Hopfield einen neuronalen Netzwerktyp vor, der die Funktion von Rückkopplungen besitzt. Das bedeutet im konkreten Beispiel, das ein Neuron alle Ausgabewerte sämtlicher Neuronen eines Netzes als Eingangswert erhält mit Ausnahme seines eigenen. Siehe Abb. 18. Die beschriebene Arbeitsweise durch Schwellenwertelemente unterscheiden sich nicht, jedoch wird zwischen **synchroner Änderung** (gleichzeitige Aktualisierung aller Neuronen) und **asynchroner Änderung** (Aktualisierung beginnt mit einem Zufallsneuron) bei der Aktualisierung der Neuronen Gewichtung unterschieden. ([15] Kruse et al. 2015, S. 119–138)

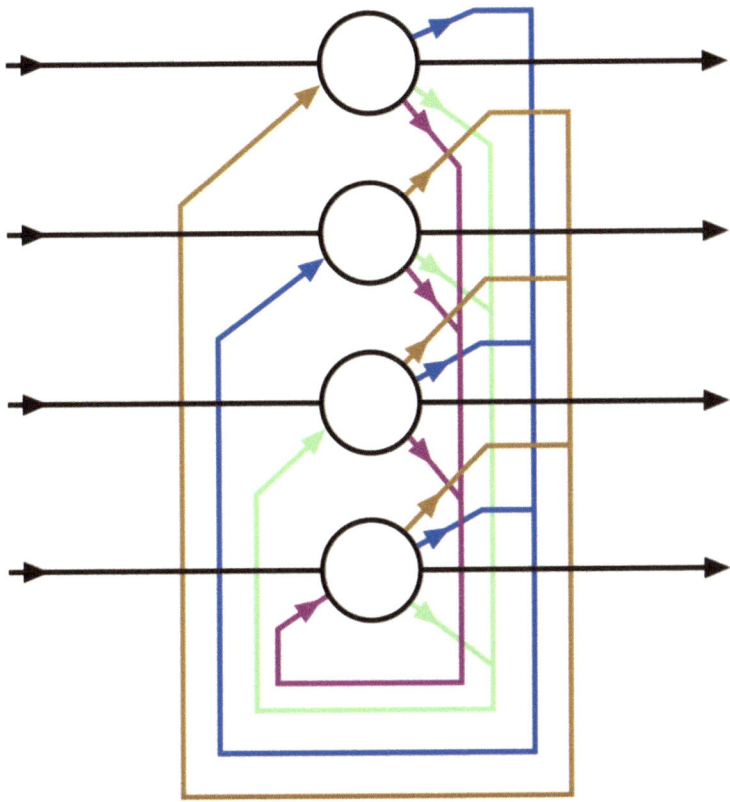

Abbildung 17 Hopfield-Netz mit vier Neuronen ([28] Wikipedia 2018)

4.4.3 Self-Organizing Map (SOM)

Die Selbstorganisierten Karten gehen auf Teuvo Kohonen zurück. Durch Gewichtung multidimensionale Dateneingänge auf einer linearen, planen Struktur mit ausschließlich linearen Aktivierungsfunktionen wird eine Merkmalskarte erstellst, bei den ähnlichen Gewichtungen nahe beieinander liegen.

Bei Ausgangsströmen werden also nur Gebiete in Form von Neuronen dieser Karte erregt, die durch Berechnung der euklidischen Distanz, dem Eingangsströmen am ähnlichsten sind. Verwendung findet die SOM in der Clusteranalyse, bei der neue Gruppen (Cluster) in Daten identifiziert werden und Daten nicht in bereits vorhandenen Klassifikationen untergeordnet werden. ([14] Kohonen 1995)

4.5 Regression und Klassifikation durch Neuronale Netze

Die Regression, auch Methode der kleinsten Quadrate genannt, beschreibt die Bestimmung von Ausgleichsmethoden. Diese Ausgleichsmethoden sollen die unweigerlichen Fehler von Messdaten in Bezug auf Zusammenhang der gemessenen Größe annäherungsweise glätten sowie Datenzusammenhänge quantitativ beschreiben. Dazu werden Werte abhängiger Variablen prognostiziert.

([15] Kruse et al. 2015, S. 479; [2] Backhaus et al. 2006)

Die Klassifikation durch Neuronale Netze wird als die Zuordnung von Daten in eine vorgegebene Anzahl bestimmter Klassen verstanden. Dabei werden keine neuen Klassen erschaffen, die Zuteilung erfolgt in bereits existenten Klassen. Ein Bespiel eines klassischen Klassifizierers ist das Perzeptron, noch konkreter der folgende Algorithmus.

4.5.1 K-Nearest-Neighbour

Der K-Nearest-Neighbor-Algorithmus resultiert aus der Nearest-Neighbour-Methode, eine parameterfreie Methode, die alle Daten einfach speichert und dieser Speicher dauerhaft für Klassifikation und Approximation verwendet wird. Dabei werden wird eine Datenstruktur analysiert und der „nächst ähnlichen Nachbarn" zugeordnet. Wird mehr als ein Nachbar betrachtet, spricht man von K-Nächste-Nachbar-Klassifikation. Die Wahl der Anzahl an Nachbarn k ist in Abhängigkeit der Datenmenge entscheid für Qualität der Klassifikation und der Gesamtrechenzeit des Algorithmus.

Bei Anwendung von symbolischen Daten, ist dieser Algorithmus ungeeignet, da Daten in Vektorform aus ganzen oder reellen Zahlen gegeben sind.

([7] Ertel 2016, S. 206–212)

4.6 Optimierung und Fehlerminimierung von Neuronalen Netzen

Um die Funktion und die daraus resultierenden Ergebnisse Neuronaler Netze zu optimieren und Fehler zu minieren existieren eine Vielzahl von Möglichkeiten.

4.6.1 Backpropagation-Algorithmus

Der Backpropagation-Algorithmus bietet eine universelle Anwendung für Approximationsaufgaben, welcher direkt aus der inkrementellen Delta-Regel hervor geht. Dabei geht es im Wesentlichen um den Vergleich eines Ausgabewertes eines Netzes und einem bekannten Wunschwert. Der Differenzwert des Wunsch- und tatsächlichen Ausgabewertes wird als Fehler betrachtet und durch Propagation, Optimierung der Gewichtungen von Neuronen und erneutes durchlaufen des Netzes, an den Wunschwert angenähert.

([7] Ertel 2016, S. 291, 296, 301, 322, 334)

4.6.2 Deep-Learning

Für Deep-Learning, zu Deutsch tiefgehendes Lernen, sind Architekturen mit mehreren bis vielen Hidden-Layer typisch. Es beschreibt die Anwendung von Optimierungsmethoden in Neuronalen Netzen mit mehreren Hidden-Layer, die aus der Anforderung entstand, aus großen Datenmengen kurze Merkmale zu extrahieren, um den immensen Rechenzeiten und Konvergenzen, die aus herkömmlichen Methoden entstehen entgegenzuwirken.

Alle erfolgreichen Beispiele arbeiten mit vielen Hidden-Layern, wie in Abb. 19 dargestellt. Das Netzwerk wird ähnlich wie in Abb.19, in zwei Regionen aufgeteilt:

- **UL(unsupervised learning):** In dieser Region werden mit Hilfe von unüberwachten lernen Merkmale in viele Schichten, extrahiert um Daten mit dem geringsten Informationsverlust zu komprimieren.

- **SL(supervised learning):** In dieser Region werden die Ausgangsdaten der UL-Schicht als Eingangsdaten verwendet. Die zum Beispiel auf Grundlage von überwachtem Lernen, die oben beschriebene Backpropagation anwenden.

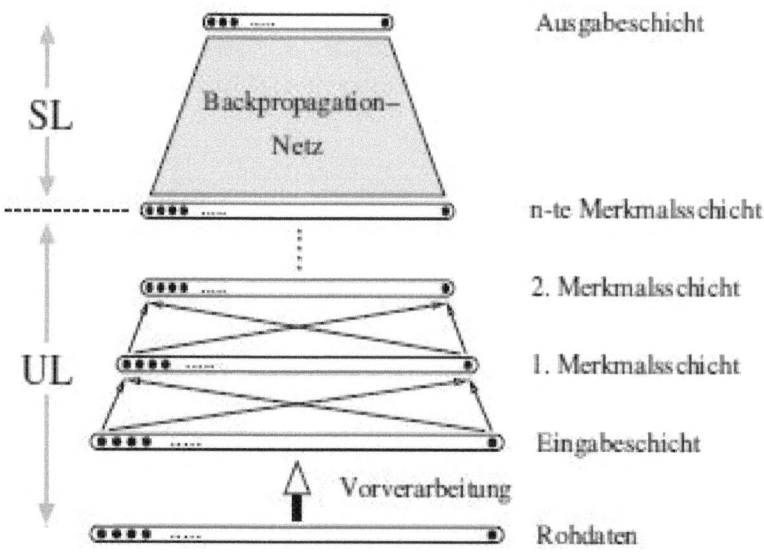

Abbildung 18 Vereinfachte Architektur eines Deep Learning Netzwerks. Es besteht aus Vorverarbeitung, mehreren Schichten (hier zwei) zur Merkmalsdetektion ohne Lehrer und dann ein klassisches neuronales Netz, das zum Beispiel mit Backpropagation trainiert wird. ([7] Ertel 2016, S. 299–302)

4.7 Probleme Neuronaler Netze

Neuronale Netze, gleich welcher Art, sind immer nur repräsentativ für eine bestimmte oder mehrere Lösungen von Problemen, die bei ihrer spezifischen Konstruktion berücksichtigt wurden. Auf allgemeine Anforderungen jeglicher Art sind sie nicht skalierbar, sowie abhängig von Konstruktion auch Datensatz gebunden.

4.7.1 Overfitting

Neuronale Netze stellen assoziative Speicher dar, bei dessen synaptische Gewichtung den Informationsspeicher darstellt, ähnlich funktioniert unser menschliches Gedächtnis. Das Problem der Überanpassung beschreibt das einfache Auswendiglernen eines spezifischen Datensatz, dessen Netze dabei nicht mehr auf neue Daten übertragen werden können.

Das trifft sowohl auf Maschinen als auch auf Menschen zu. Als Beispiel eignet sich das Lernen des kleinen Einmaleins, welches problemlos, ohne Betrachtung jeglicher Rechenregeln, mit bloßem Auswendiglernen angeeignet werden kann. Versucht man dieses jedoch auf das große Einmaleins zu übertragen, steht man vor dem Problem der Skalierbarkeit.

4.7.2 Das globale Optimum

Lösungen, die aus Neuronalen Netzen gewonnen werden, können oft nicht als optimale globale Lösung bewertet werden beziehungsweise kann man nicht sicher sein, ob es nicht eine Lösung mit besseren Zielfunktionswert gibt. Neuronale Netze weißen oft nur ein lokales Optimum vor, dass bedeutet die optimalste Lösung in einem bestimmten Datenbereich.

4.7.3 Daten

Das Training Neuronaler Netze verlangt nach Daten. Die Wahl dieser Daten ist entscheidend für spätere Resultate, so müssen Daten gewählt werden, die dem Netz erlauben Muster zu kreieren, die auf andere Situation in Form von Daten übertragbar sind. ([39] Wikipedia 2018)

5 Maschinelles Lernen

Maschinelles Lernen, englisch Machine Learning, wird in dieser Arbeit als eigenständiger Teil der Künstlichen Intelligenz untergeordnet, wie der Name schon deuten lässt, befasst sich dieses Thema mit dem maschinellen Lernen durch „Generierung von Wissen aus Erfahrung"

Verfahren, die dem Maschinellen Lernen zugeordnet werden, nutzen Neuronale Netze um ihre Funktion „zu lernen", das heißt für einen bestimmten Eingangsstrom auf Grund von Trainingsdaten den gewünschten Ausgangstrom zu erzeugen.

Formal lassen sich die verwendeten Lernalgorithmen hierfür in die folgenden 3 Kategorien unterteilen. Übergreifendes Ziel jeder Kategorie ist es auf unterschiedlichen Wegen, eine mathematische Qualitätsfunktion für Lernen zu kreieren.

$$f : X \rightarrow Y$$

Dabei wird X als eine Menge von Elementen betrachtet, die z.B. aus einem Request besteht.

Y wird als eine Menge von Elementen betrachtet, die z.B. aus einer Response besteht.

Ziel aller Algorithmen dieses Bereichs ist es, möglichst viele Datensätze durch die Funktion korrekt wiederzugeben, bei der einem Elementen X genau einem Element Y zugeordnet ist. ([8] Frochte 2018, S. 20)

5.1 Überwachtes Lernen – Supervised Learning

Der Trainingsdatensatz besteht hier aus einem Input und einem gewünschten Output, anhand des bekannten Outputziels werden die Netze trainiert und durch zum Beispiel Backpropagation optimiert. Es soll also eine Funktion f konstruiert werden, wobei X wie auch Y gegeben sind. Eingesetzte Verfahren zur Bearbeitung von Datensätzen sollen hier, mit Hilfe von kontinuierlichen Funktionen, Beziehungen zwischen In- und Output erkennen. Einsatzmöglichkeiten liegen hier im Bereich der Klassifizierung und Regressionsanalysen. ([8] Frochte 2018, S. 20–26)

Hier wird zwischen Lazy Learning und Eager Learning nochmals unterschieden.

Lazy Learning: Die Lernphase besteht aus simplen abspeichern aller Daten. Die Modellbildung findet lokal zur Zeit der Abfrage statt.

- Kurze Trainingszeit, hohe Abfragezeit
- k-Nearest-Neighbour-Algorithmus

Eager Learning: Die Lernphase besteht aus aufwendigeren Mustererstellung durch Extraktion relevanter Datensätze aus Daten. Die Modellbildung findet global einmalig statt.

- höhere Trainingszeit, kurze Abfragezeit
- Perzeptron

([7] Ertel 2016, S. 258, 214; [1] Aha 1997)

5.2 Unüberwachtes Lernen – Unsupervised Learning

Im Gegensatz des überwachten Lernens, bestehen die Trainingsdaten ausschließlich aus Input. Das Netz bildet also selbstständig Muster nur auf Basis der Eingangsströme. Es ist sind also keine Y-Werte bekannt, diese müssen durch das Netz selbst gefunden werden. Ein Beispiel hierfür sind selbstorganisierten Karten (Self-Organizing Map (SOM)) die sich der Identifikation von unbekannten Datenmustern innerhalb eines Datensatzes und der darauffolgenden Clusterbildung widmen.

([8] Frochte 2018, S. 20–26)

5.3 Verstärkendes Lernen – Reinforcement Learning

Das verstärkte Lernen bedient sich einer Nachbildung der konzeptionell natürlichen Lernmustern und gilt als die häufigste Form des menschlichen Lernens, welche aus dem überwachten Lernen entstanden ist. Mit dem Unterschied, dass dem Netz kein optimaler Ausgangsström vorausgesetzt ist. Dieser wird iterativ durch Trial-and-Error gefunden, wobei richtungsweisende „Belohnungen" und „Bestrafungen" vom System vorausgesetzt sind. Ziel des Systems ist es, autonom neue Lösungswege zu finden, die sich von Menschen erdachten Ansätzen unterscheiden. Beispielsweise Google DeepMinds AlphaGo. ([9] Gentsch 2018, S. 38–39)

6 Anwendung der KI

Betrachten wir die Künstliche Intelligenz unter der Definition dieser Arbeit, werden heutzutage eine Vielzahl an Anwendungsbereichen geboten, beispielweise:

- Spracherkennung
- Bilderkennung
- Analyse
- Autonom agierende Maschinen (Roboter, selbstfahrende Autos)
- Selbstlernende Systeme

Dessen aktueller Erfolg und Fortschritt im Bereich KI grundlegend auf folgende 3 Faktoren zurückzuführen ist:

- Technischer Fortschritt (Moore's Law)
- Ausreichend verfügbare digitale Daten (Big Data, Clouds)
- Entwicklung und Verbesserung von Algorithmen

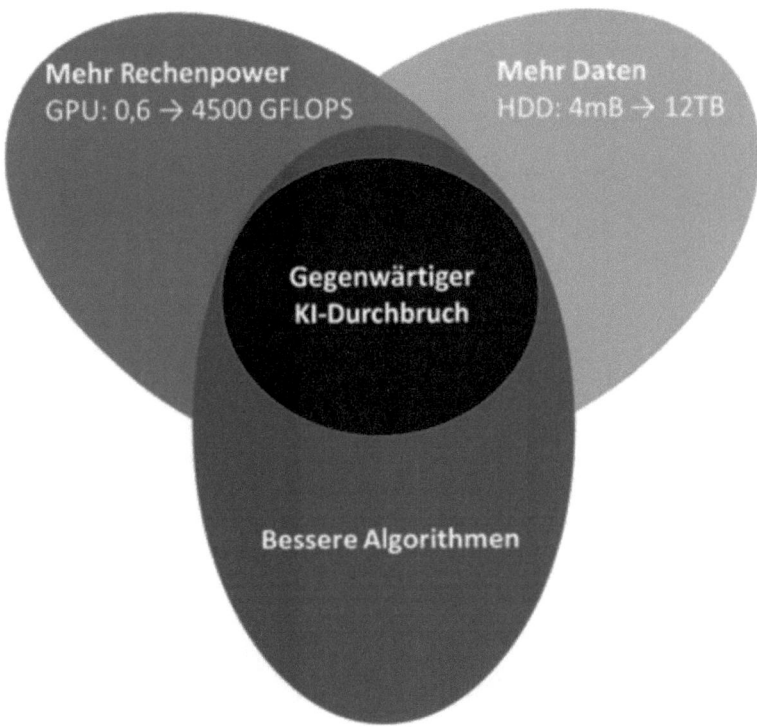

Abbildung 19: Aktueller Erfolg der KI([4] Buxmann und Schmidt 2019, S. 120)

6.1 Anwendung in der Wirtschaft

Um verschiedene Anwendungsbereiche für KI auf zu zeigen eignet sich das KI Business Framework von Gentsch. Im Folgenden wird ersichtlich wie die Beziehungen der einzelnen Bereiche der Wirtschaft und der KI in Abhängigkeit stehen.

6.1.1 KI Business Framework

Abbildung 20 Business KI Framework. ([9] Gentsch 2018, S. 42)

Enabler Layer: Den Grundstein des Frameworks bildet der Enabler Layer, welche den in **Technische Möglichkeiten** beschriebene Hardware, aber auch die heutigen Möglichkeiten des Internets. Diese bilden in **Anwendung KI** beschriebenen Faktor des technischen Fortschritts.

Big Data Layer: Der Big Data Layer bildet dabei den in **Anwendung KI** beschriebenen Faktor der verfügbaren Daten. Besonders zu beachten sind hierbei die 4 Faktoren, die nach Methoden der KI verlangen:

- **Volume**, gegenwärtig verfügbare Datenmenge
- **Velocity**, Geschwindigkeit der Daten
- **Veracity**, Glaubhaftigkeit der Daten
- **Variety**, Datenform (strukturiert, unstrukturiert)

([9] Gentsch 2018, S. 7–11)

KI-Methods/Technologie-Layer: Dieser Layer beinhaltet die aktuellen Herangehensweisen, Methoden und Technologien der KI, die in **Kapitel 2** beschrieben werden und auf Daten der vorherigen Schicht zurückgreifen.

KI-Use Cases: Der Use Case Layer beinhaltet eine Vielzahl von aktuellen und zukünftigen Anwendungsbeispielen der KI in der Wirtschaft. Siehe **Economic Use Cases**.

Business-Layer: Der Business-Layer enthält konkrete Segmente der Wirtschaft die, auf die verschiedenen Einsatzmöglichkeiten des unteren Layers zugreifen. Vertiefend siehe **Ökonomischer Wandel**

([9] Gentsch 2018, S. 55–56)

6.1.2 Economic Use Cases und Praxisbeispiele

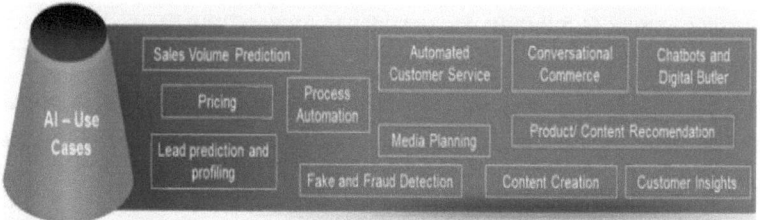

Abbildung 21 Use Cases für das KI-Business-Framework. ([9] Gentsch 2018, S. 43)

Automated Customer Service

Im Unternehmensbereich Customer-Service, können automatisierte Systeme durch Fortschritte in der Computerlinguistik deutlich verbessern. Welche durch NLP-Algorithmen (siehe symbolische KI) eine fließende Kommunikation in natürlicher Sprache ermöglichen kann.

Content Creation

Um das Potenzial der digital verfügbaren Daten zur automatisierten Content-Erstellung auszunutzen, helfen Algorithmen mit Hilfe von Big-Data enorm. Abgesehen von unternehmerisch interessanten Inhalten, wie der automatischen Erzeugung von relevanten Infografiken, bietet dieser Bereich unter anderem redaktionellen Wert. Die automatische Texterstellung durch Zahlen und Fakten, ist nur schwer von menschengeschriebenen Texten zu unterscheiden und findet unter anderem Verwendung im Nachrichtenbereich.

Conversational Commerce, Chat Bots and Personal Assistants

Um die Kommunikation zwischen Menschen und Maschine in den verschiedensten Bereichen leichter und natürlicher zu gestalten wird sich auch hier in der Entwicklung in der Computerlinguistik bedient. Vorteile dieses Kommunikationsweges ist nicht nur der erleichterte Zugang zu neuen Technologien, besonders für Generationen des analogen Zeitalters, sondern auch die Erschließung neuer Marketing- und Vertriebskanäle. Beispielsweise: Amazon Alexa

Customer Insights

Die systematische Analyse und Prognose des Kundenverhalten, ist fester Bestandteil der Marktforschung. Der hohe Aufwand einer Primärforschung von Kundeneinschätzungen zu Produkten, wie zum Beispiel Kundenbefragungen etc., lässt einen großen Spielraum zur Steigerung der Effizienz. Durch die globale Bündelung von Produktbewertungen und -rezensionen auf den verschiedensten Plattformen, können hier mit Hilfe von NLP-Algorithmen automatisch Informationen gewonnen werden. Beispiel siehe (sie Praxisbeispiel Bosch Siemens Haushaltsgeräte).

Fake and Fraud Detection

Ein weiterer möglicher Einsatz von KI und dessen Algorithmik, sind Erkennung und Vorhersage von Betrug. Beispielsweise die Mustererkennung, mit Hilfe von Posting-Frequenz, Netzwerk, Followern, von manipulativen Bots, die Fake News verbreiten oder Klick- und Kreditkarten-Betrug betreiben.

Lead Prediction and Profiling

Durch automatische Erkennung und Profilierung von potenziellen Kunden ermöglicht KI nicht nur die Erschließung neuer Kunden, sondern auch die Identifizierung und Charakterisierung neuer Märkte. Konkret kann hier mit Predictive Analytics vorgegangen werden, dabei werden ausgewählte Unternehmen digital mit tausenden Attributen versehen, die mittels KI-Algorithmen verarbeitet werden. Erweitert können hier auch optimale Kommunikations- und Verkaufskanäle verknüpft werden.

Media Planning

Durch die Erfassung von vielen relevanten Media-Datenpunkte können KI-Algorithmen diese systematisch und automatisiert auswerten. Was der Mediaplanung eine empirische Validierung durch Ausschließung von Eigeninteresse und Subjektivität ermöglicht. (siehe Praxisbeispiel Otto Group)

Pricing

Um kundenspezifisch die beste Marge aus Produkten zu generieren, ist der Einsatz von KI-Software von wachsender Bedeutung. Es geht also nicht darum, den niedrigsten Preis für ein Produkt zu bestimmen, sondern den kundenspezifisch optimalen Preis. Dafür werden mit KI-Algorithmen tausende Datenpunkte aus historischen und Echtzeit-Daten, um einen Preis zu kalkulieren, bei der die Software annimmt, dass ihn der Verbraucher bezahlt. (siehe Praxisbeispiel Uber)

Process Automation

Durch moderne KI-Methoden kann sich eine intelligente Prozessautomatisierung umsetzten lassen, eine erhöhte Effizienz der Mitarbeiter sowie Risikominimierung kann sich erzielen lassen.

Product/Content Recomendation

Neben der klassischen Warenkorbanalyse bieten zunehmend KI-Verfahren Alternativen. So können dem Kunden zum Beispiel auf Grundlage von Klick- und Kaufverhalten zusätzliche personalisierte Produktempfehlungen geboten werden. Beispiele: Google AI Deep Learning Framework Tensorflow, Amazon DSSTNE.

Sales Volume Prediction

Die Umsatzprognose vieler Unternehmen wird mit Hilfe von statistischen Methoden, zum Beispiel der Regressionsanalyse, durchgeführt. Um Umsatzprognosen eines Unternehmens zuverlässiger zu gestalten, bietet sich die Einbeziehung der möglichsten Faktoren an. Welche in Form von den verschiedensten Daten (Echtzeit, historisch, intern, extern, ökonomisch, umweltbezogen) verschieden strukturiert oder unstrukturiert gegeben sein können. Algorithmen und KI können hier helfen Daten zu gewinnen, zu strukturierung und automatisiert zu analysieren. Beispiel Blue-Yonder-Lösung.

([9] Gentsch 2018, S. 44–48)

6.1.3 Praxisbeispiele

Amazon

Wie schon häufig in dieser Arbeit angedeutet, genießt Künstliche Intelligenz bei dem Unternehmen Amazon einen großen Stellenwert. Das spiegeln auch die vergleichsweisen hohen Investitionen in die IT (5,3 % der Umsatzerlöse).

Erste wirtschaftlich messbare Früchte trug Amazon in Form von Kostensenkung von 3-4% davon. Zurückzuführen sind diese auf Automatisierung (35%Verkauf, 90%Kundensupport) durch komplexe Empfehlungs-Algorithmen.

Otto Group

Die Otto Group bedient sich zur Planung des Media- und Marketingbereich an Methoden der KI. Dazu nutzt sie Schnittstellen an Suchmaschinen, Sozialen Medien und digitaler Werbung, die die Aktivitäten eines Kunden messen. Aus diesen Daten wird die optimale Mischung für ihren Kommunikationsweg gewonnen, was zur Steigerung der Effizienz im Marketing führt, da eine empirische und objektive Schlussfolgerung möglich ist.

Bosch Siemens Haushaltsgeräte (BSH)

BSH bedient sich der Big-Data-Infrastruktur SaaS (Software as a Service) im Bereich Produkt-Ratings und -Reviews. Hier wird auf Grundlage von automatisierten Big-Data Analysen Mehrwert zur Umsatzsteigerung geschöpft. So ergaben interne Auswertungen einen Umsatzanstieg von bis zu 30% bei positiv bewerteten Produkten.

Netflix

800 Entwickler der Firma Netflix arbeiten an Algorithmen, die dem Kunden personalisierte Empfehlungen liefern.

Uber

Uber setzt auf dynamische Preisgestaltung zur Vermittlung von Taxifahrten, die sich automatisch an Echtzeitnachfrage je nach Standort anpasst.

([9] Gentsch 2018, S. 67–70)

EyeQuant

EyeQuant findet mit Hilfe von Eye-Tracking und maschinellen Lernen Wahrnehmungsmuster in menschlichen Reaktionen auf zum Beispiel Internetseiten. Ein großer Mehrwert aus diesen Erkenntnissen ist die Optimierung der Webpräsenz eins Unternehmens, wie zum Beispiel einem Onlineshop. Anwender von Eyequant sind beispielsweise Google, Canon und Royal Bank of Scotland.

([24] WhiteMatter Labs GmbH; [3] Bünte 2018, S. 21–23)

7 Gesellschaftliche Aspekte

7.1 Ökonomischer Blickwinkel

7.1.1 Wandel der Wirtschaft

Geht man nach der Marktkapitalisierung von Unternehmen, so ist ein faktischer Wandel der Wirtschaft nicht zu leugnen. Die Weltweit 3 Unternehmen mit den höchsten Marktkapitalisierung waren 2008 noch:

1. Exxon Mobile 453 Mrd. US Dollar
2. Petro China 424 Mrd. US Dollar
3. General Electrics 370 Mrd. US Dollar

Genau 10 Jahre später sehen wir nun folgende Platzierung:

1. Apple 956 Mrd.US Dollar
2. Amazon 785 Mrd.US Dollar
3. Microsoft 743 Mrd. US Dollar

([41] Wikipedia 2018)

Wirft man nun einen genaueren Blick auf diese erfolgreichen Unternehmen fällt auf, dass sich die Portfolios der 2008 führenden hauptsächlich auf Öl und Energien begrenzen. Während sich die 2018 führenden Unternehmen alle samt auf den Informatikbereich begrenzen.

So kommt schnell die Vermutung auf, dass die heutzutage so beliebten Daten aller Art das Öl des 21.Jahrhundert sind, die als essenziell für den Fortschritt der künstlichen Intelligenz gelten.

([3] Bünte 2018, S. 1–3)

7.1.2 Wandel auf dem Arbeitsmarkt

Ein Wandel der Wirtschaft geht zwangsläufig auch mit einem Wandel auf dem Arbeitsmarkt einher. So lassen sich auch hier durch Studien Veränderungen verzeichnen, gerade in Bezug auf künstliche Intelligenz hat sich die Nachfrage im Bereich der „Digital-Jobs" innerhalb 1 Jahres knapp verdoppelt.

Gesellschaftliche Aspekte

Abbildung 22 Wachstum der Digital-Jobs in Deutschland. ([4] Buxmann und Schmidt 2019, S. 28)

Auch in Anbetracht der Entwicklung der durchschnittlichen wöchentlichen Arbeitszeit, liegt eine Entlastung des Menschen durch technischen Fortschritt nahe.

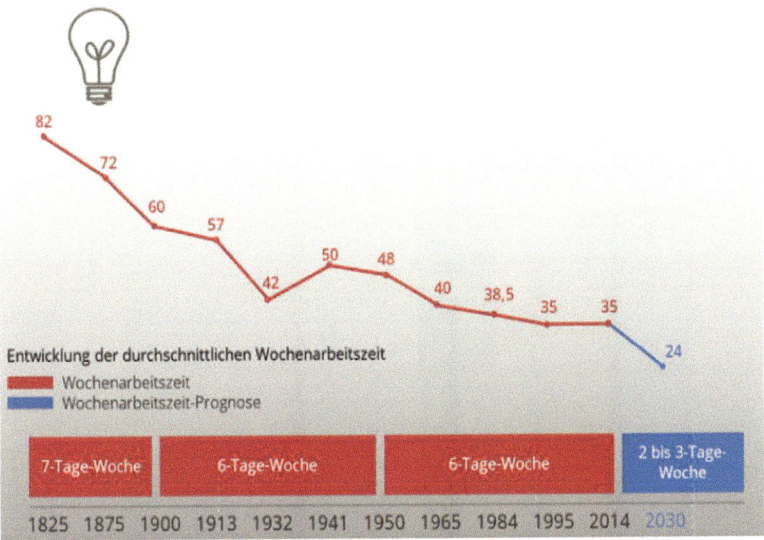

Abbildung 23 Entwicklung der durchschnittlichen Wochenarbeitszeit. ([21] Statistisches Bundesamt)

7.1.3 Investitionen in künstliche Intelligenz

Seit 2012 lässt sich ein global stetiger Anstieg an Investitionen in KI, gerade in KI Startups, feststellen. Innerhalb 6 Jahren ist hier eine Steigerung um den Faktor 50,6 erkennbar. ([5] CB Insights 2018)

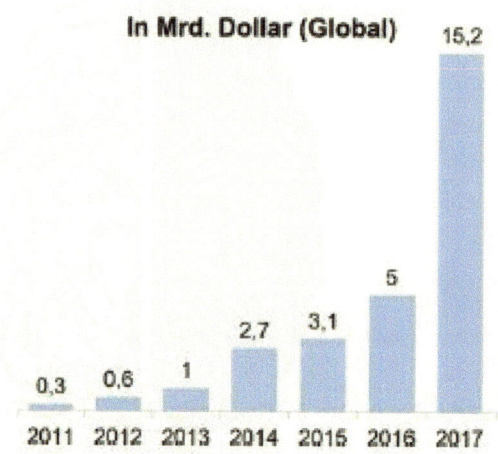

Abbildung 24: Finanzierung von KI-Startups. ([5] CB Insights 2018)

Ein genauerer Blick in die regionale Verteilung gibt Aufschluss auf die Priorität von KI der Wirtschaftsmächte.

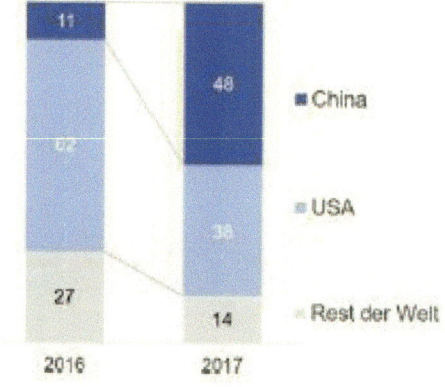

Abbildung 25 Regionale Finanzierung von KI-Startups. ([5] CB Insights 2018)

So ist ersichtlich, dass im wesentlichen China für die Verdreifachung der globalen Investitionen innerhalb 2016-2017 verantwortlich ist, welche das erstreben deuten lässt, die führenden KI-Nation der Welt zu werden. ([4] Buxmann und Schmidt 2019, S. 21–23; [5] CB Insights 2018)

7.1.4 Wo steht Deutschland und Europa

Gehen wir von oben genannten wirtschaftlichen Faktoren aus, kann man sicherlich die USA und China in der Favoritenrolle für die globale Technologieführerschaft sehen. Wobei China einen großen Vorsprung in den für KI so essenziellen Daten hat. Im Vergleich zur USA produziert China durch Internet- und Smartphone-Nutzer/innen etwa 3 Mal mehr Daten, wie zum Beispiel durch bargeldloses Zahlen via Smartphones. ([54] Wittpahl 2019, S. 273)

Wird KI als eine digitale Transformation auf Unternehmen betrachtet, hatte Deutschland in der Vergangenheit starke Defizite im Bereich Digitalisierung. So findet sich Deutschland momentan nur auf Platz 18 der globalen Rangliste für digitale Wettbewerbsfähigkeit ([10] IMD World Competitiveness Center), was sich natürlich auch in der Erschließung neuer digitaler Geschäftsmodelle niederschlagen hat, die momentan USA und China dominieren und somit die Finanzkraft besitzen weiter in KI investieren zu können, beispielsweise Amazon.

Ein Blick auf den aktuellen Einsatz von KI-Algorithmen in Unternehmen verdeutlicht das:

- Asien 15%
- Amerika 12%
- Deutschland 7%
- Durschnitt EU 5%

Erkannt wurde dieses Problem auch schon politisch auf nationaler- und EU-Ebene. So spricht sich Angela Merkel öffentlich für nationale und EU-Weite Kooperation im Bereich KI aus und strebt Abschreibungen der Forschungs- und Entwicklungsausgaben an.

Seit April 2018 existiert außerdem die „Declaration of cooperation on Artificial Intelligence", die 25 EU-Staaten willigen hier ein, einen gebündelten Ansatz zur Förderung von Künstlicher Intelligenz zu schaffen. ([4] Buxmann und Schmidt 2019, S. 196–200)

7.2 Ethischer und Sozialer Blickwinkel

7.2.1 Wandel der Gesellschaft

Der gesellschaftliche Wandel ist durch Technik seit jeher geprägt. Sei es das Kommunikationsverhalten, dass von der Erfindung des Telefons bis hin zu den Soziale Medien geformt wurde. Die Fortbewegung dessen Entwicklung von der Erfindung des Rades bis zum autonomen Fahren reicht. Ganzgleich welchen Bereich wir als Beispiel betrachten, die Technik hat ihn höchstwahrscheinlich fortschrittlich verändert und somit Einfluss auf die Gesellschaft genommen.

Betrachten wir den Bereich Künstliche Intelligenz als das was er heute ist, nämlich eine Zusammensetzung von Methoden, die dem Menschen Erleichterung in verschieden Bereichen ermöglicht. So sind soziale und ethische Fragestellungen über Machtverhältnis zwischen Menschen und Maschine aktuell zwar spannend, aber doch eher in den Bereich Science-Fiction zuzuordnen. Vielmehr lohnen sich Fragen über die allgemeine technische Abhängigkeit der Gesellschaft und somit auch eine Abhängigkeit von Methoden, die der künstlichen Intelligenz zugeordnet werden. Auch die Sicherheit der Daten spielt eine große Rolle, mit der vieler dieser Methoden arbeiten

7.2.2 Anforderungen an KI

Wie bereits beschrieben werden digitale Daten immer wichtiger, somit auch der Datenschutz und die Datensicherheit. Auf dieser Grundlage verfolgt Microsoft folgende Ansätze:

- KI muss transparent sein.
- KI muss Effizienz steigern, ohne die Würde des Menschen zu verletzen.
- KI muss intelligenten, umfassenden Datenschutz und -sicherheit gewährleisten.
- KI-Algorithmen müssen nachvollziehbar und überprüfbar sein. Es braucht einen verantwortungsbewussten Umgang mit Technologien, die das Erwartete und das Unerwartete managen können.
- KI-Technologien dürfen keine Vorurteile und Verzerrungen abbilden.
- KI soll menschliche Fähigkeiten unterstützen, nicht ersetzen.

([4] Buxmann und Schmidt 2019, S. 99)

8 Ausblick und Fazit

Wenn wir in die Vergangenheit schauen, wurden wir besonders im Bereich der Technik immer wieder überrascht. Zitate wie:

„Das Internet ist nur ein Hype" - Bill Gates, Microsoft-Gründer, 1995

„Ich denke, dass es einen Weltmarkt für vielleicht fünf Computer gibt"
- Thomas Watson, IBM-Vorsitzender, 1943

Oder:

„Das Internet ist eine Spielerei für Computerfreaks, wir sehen darin keine Zukunft!"
- Ron Sommer, Telekom-Chef, 1990

Legen nur zu deutlich offen, wie oft sich selbst Pioniere und Experten mit Prognosen über technische Revolutionen irren.

Trotzdem möchte ich aber erläutern, warum ich denke, dass es mit der künstlichen Intelligenz, nicht ähnlich laufen wird.

Ich glaube, dass die Schwierigkeit über Entwicklungsprognosen von allgemeiner Künstlicher Intelligenz vor allem in philosophischen Problemen des Themas liegt. Die künstliche Intelligenz ist prägnant undefinierbar, sie ist zerstreut in die kontroversesten Ansätze. Dazu kommt mein persönlicher Eindruck, dass das Gesellschaftsbild zu sehr von Science-Fiction geprägt ist, was immer wieder unbewusste Vergleiche und Gleichstellung von Fiktion zum aktuell spezifischen Fortschrittsstand in der Allgemeinheit verursacht. Eine allgemeine und deutliche Abgrenzung, wie in Unterscheidung Schwache und Starke KI, ist in der Rede von künstlicher Intelligenz also mehr als überfällig.

Dazu finde ich folgendes Zitat sehr passend:

„Wenn ich die Menschen gefragt hätte, was sie wollen, hätten sie gesagt schnelle Pferde." - Henry Ford, 1909

Hier sehe ich deutliche Parallelen zur heutigen KI, die Menschen trachten nach einer „fiktiven künstlichen Superintelligenz", werden in naher Zukunft aber ein völlig anderes Produkt für spezifische und nicht allgemeine Herausforderungen bekommen.

Jedoch bin ich fest davon überzeugt, dass wir an die jüngsten Erfolge in diesen spezifischen Bereichen, wie zum Beispiel Neuronale Netze, Maschinelles Lernen, Deep Learning etc. anknüpfen werden. Ausschlaggebend dafür werden mit Sicherheit die stetig wachsende Anzahl an Daten und die beschriebenen technischen Möglichkeiten. Auch die jüngsten Investitionen und das weltweite Interesse sehe ich als ideale Voraussetzung für rasanten Fortschritt.

Im Hinblick auf die Gesellschaft sehe ich es vor allem ökonomisch notwendig, sich mit künstlicher Intelligenz auseinander zu setzten und die aktuellen und auch zukünftigen Vorteile auszuschöpfen und zu verfolgen. Denn wie wir gesehen haben, hat sich die Welt in vielen Bereichen längst den digitalen Daten zugeschrieben.

Gehen wir nach der Darwin'schen Evolutionstheorie „Survival oft the Fittest" ([30] Wikipedia 2018) überlebt das am besten angepasste Individuum auch hier. Ein Interessanter Gedanke übrigens, wenn man bedenkt, dass gerade die biologischen neuronalen Netze sehr adaptives Verhalten aufweisen und im Grunde verantwortlich für die menschliche Evolution sind.

Spannend also zu verfolgen, in wie weit die künstlichen neuronale Netze die technische Evolution in Zukunft beeinflussen werden.

Literaturempfehlung

Zur Vertiefung technischem Wissen im Beriech neuronalen Netzen empfehle ich:

Steinbrecher, Matthias (2015): Computational Intelligence. Eine methodische Einführung in künstliche neuronale Netze, evolutionäre Algorithmen, Fuzzy-Systeme und Bayes-Netze. 2., überarbeitete und erweiterte Auflage. Wiesbaden: Springer Vieweg (Computational Intelligence). Online verfügbar unter http://dx.doi.org/10.1007/978-3-658-10904-2.

Ertel, Wolfgang (2016): Grundkurs Künstliche Intelligenz. Eine praxisorientierte Einführung. 4., überarbeitete Auflage. Wiesbaden: Springer Vieweg (Computational Intelligence). Online verfügbar unter http://dx.doi.org/10.1007/978-3-658-13549-2.

Zur Vertiefung von aktuellen Anwendungen im Bereich KI empfehle ich:

Buxmann, Peter; Schmidt, Holger (Hg.) (2019): Künstliche Intelligenz. Mit Algorithmen zum wirtschaftlichen Erfolg. Berlin, Heidelberg: Springer Berlin Heidelberg. Online verfügbar unter http://dx.doi.org/10.1007/978-3-662-57568-0.

Gentsch, Peter (2018): Künstliche Intelligenz für Sales, Marketing und Service. Mit AI und Bots zu einem Algorithmic Business - Konzepte, Technologien und Best Practices. Wiesbaden: Springer Gabler. Online verfügbar unter http://dx.doi.org/10.1007/978-3-658-19147-4.

Literaturverzeichnis

[1] Aha, David W. (Hg.) (1997): Lazy learning. Dordrecht: Kluwer.

[2] Backhaus, Klaus; Erichson, Bernd; Plinke, Wulff; Weiber, Rolf (2006): Multivariate Analysemethoden. Eine anwendungsorientierte Einführung. Elfte, überarbeitete Aufl. mit 559 Abbildungen und 6 Tabellen. Berlin, Heidelberg: Springer Berlin Heidelberg (Springer-Lehrbuch).

[3] Bünte, Claudia (2018): Künstliche Intelligenz - die Zukunft des Marketing. Ein praktischer Leitfaden für Marketing-Manager. Wiesbaden: Springer Fachmedien Wiesbaden (essentials). Online verfügbar unter http://dx.doi.org/10.1007/978-3-658-23319-8.

[4] Buxmann, Peter; Schmidt, Holger (Hg.) (2019): Künstliche Intelligenz. Mit Algorithmen zum wirtschaftlichen Erfolg. Berlin, Heidelberg: Springer Berlin Heidelberg. Online verfügbar unter http://dx.doi.org/10.1007/978-3-662-57568-0.

[5] CB Insights (Hg.) (2018): Artificial Intelligence Trends To Watch In 2018. Online verfügbar unter https://www.cbinsights.com/research/report/artificial-intelligence-trends-2018/, zuletzt aktualisiert am 2018, zuletzt geprüft am 31.01.2019.

[6] Donald Hebb (2012): The Organization of Behavior. A Neuropsychological Theory: Psychology Pr.

[7] Ertel, Wolfgang (2016): Grundkurs Künstliche Intelligenz. Eine praxisorientierte Einführung. 4., überarbeitete Auflage. Wiesbaden: Springer Vieweg (Computational Intelligence). Online verfügbar unter http://dx.doi.org/10.1007/978-3-658-13549-2.

[8] Frochte, Jörg (2018): Maschinelles Lernen. Grundlagen und Algorithmen in Python. München: Hanser.

[9] Gentsch, Peter (2018): Künstliche Intelligenz für Sales, Marketing und Service. Mit AI und Bots zu einem Algorithmic Business - Konzepte, Technologien und Best Practices. Wiesbaden: Springer Gabler. Online verfügbar unter http://dx.doi.org/10.1007/978-3-658-19147-4.

[10] IMD World Competitiveness Center (Hg.): IMD WORLD IMD, IMD INTERNATIONAL, REAL WORLD. REAL LEARNING, IMD BUSINESS SCHOOL and IMD WORLD COMPETITIVENESS YEARBOOK are trademarks of IMD- International Institute for Management Development IMD WORLD DIGITAL COMPETITIVENESS RANKING DIGITAL COMPETITIVENESS RANKING 2018. Online verfügbar unter file:///C:/Users/Dal%20Cero/Downloads/imd_world_digital_competitiveness_ranking_2018.pdf, zuletzt geprüft am 24.01.2019.

[11] Jägle, Martin (2015): Elektronische Zungen schmecken den Unterschied. Hg. v. Fraunhofer IPM. Online verfügbar unter https://www.ipm.fraunhofer.de/content/dam/ipm/de/PDFs/Jahresberichte/Artikel-Jahresbericht-2015/elektronische-zungen-IPM-JB-2015-42-43.pdf, zuletzt geprüft am 31.01.2019.

[12] Jill Reese, Sarah Zaranek: GPU Programming in MATLAB. Hg. v. MathWorks. Online verfügbar unter https://www.mathworks.com/company/newsletters/articles/gpu-programming-in-matlab.html, zuletzt geprüft am 09.02.2019.

[13] Kirschbaum, Clemens (2008): Biopsychologie von A bis Z. Heidelberg: Springer (Springer-Lehrbuch). Online verfügbar unter http://www.springerlink.com/content/xx0646.

[14] Kohonen, Teuvo (1995): Self-Organizing Maps. Berlin: Springer-Verlag (Springer Series in Information Sciences, 30).

[15] Kruse, Rudolf; Borgelt, Christian; Braune, Christian; Klawonn, Frank; Moewes, Christian; Steinbrecher, Matthias (2015): Computational Intelligence. Eine methodische Einführung in künstliche neuronale Netze, evolutionäre Algorithmen, Fuzzy-Systeme und Bayes-Netze. 2., überarbeitete und erweiterte Auflage. Wiesbaden: Springer Vieweg (Computational Intelligence). Online verfügbar unter http://dx.doi.org/10.1007/978-3-658-10904-2.

[16] Mainzer, Klaus (2016): Künstliche Intelligenz - Wann übernehmen die Maschinen? Berlin, Heidelberg: Springer (Technik im Fokus). Online verfügbar unter http://ebooks.ciando.com/book/index.cfm/bok_id/2112686.

[17] Minsky, Marvin; Papert, Seymour (1988): Perceptions. An introduction to computational geometry. Exp. ed. The MIT Press: Cambridge.

[18] Oliver Sacher: Grundlegende Komponenten neuronaler Netze. Hg. v. Computer-Chemie-Centrum Erlangen. Online verfügbar unter http://www2.chemie.uni-erlangen.de/services/dissonline/data/dissertation/Oliver_Sacher/html/grundlagen.html, zuletzt geprüft am 09.02.2019.

[19] Prof. Dr. Leo Peichl (2015): Wie viele Nervenzellen hat das Gehirn? Hg. v. Max-Planck-Institut für Hirnforschung. Online verfügbar unter https://www.helmholtz.de/gesundheit/wie-viele-nervenzellen-hat-das-gehirn/, zuletzt aktualisiert am 16.04.2015, zuletzt geprüft am 27.01.2019.

[20] Statista GmbH (Hg.) (2018): Prognose zum Volumen der jährlich generierten digitalen Datenmenge weltweit in den Jahren 2018 und 2025 (in Zettabyte). Online verfügbar unter https://de.statista.com/statistik/daten/studie/267974/umfrage/prognose-zum-weltweit-generierten-datenvolumen/, zuletzt aktualisiert am November 2018, zuletzt geprüft am 27.01.2019.

[21] Statistisches Bundesamt (Hg.): Wochenarbeitszeit. Online verfügbar unter https://www.destatis.de/DE/ZahlenFakten/Indikatoren/QualitaetArbeit/QualitaetArbeit.html?cms_gtp=318944_slot%253D3, zuletzt geprüft am 12.01.2018.

[22] Stefan Nordhausen (2017): Maschinelle Intelligenz. Hg. v. Humbold-Universität zu Berlin. Online verfügbar unter http://waste.informatik.hu-berlin.de/Lehre/vorherige/ws05-06/PS_wurzeln/maschinelleIntelligenz.pdf, zuletzt aktualisiert am 23.01.2017, zuletzt geprüft am 07.02.2019.

[23] Werner Stangel (2019): Lexikon für Psychologie und Pädagogik. Linz. Online verfügbar unter http://lexikon.stangl.eu/240/kognition/.

[24] WhiteMatter Labs GmbH (Hg.): EyeQuant. Online verfügbar unter https://www.eyequant.com/, zuletzt geprüft am 25.01.2019.

[25] Wikipedia, Die freie Enzyklopädie (Hg.) (2018): General Problem Solver. Online verfügbar unter https://de.wikipedia.org/wiki/General_Problem_Solver, zuletzt aktualisiert am 24.02.2018, zuletzt geprüft am 05.02.2019.

Literaturverzeichnis

[26] Wikipedia, Die freie Enzyklopädie (Hg.) (2018): Arthur L. Samuel. Online verfügbar unter https://de.wikipedia.org/wiki/Arthur_L._Samuel#cite_note-2, zuletzt aktualisiert am 10.03.2018, zuletzt geprüft am 04.02.2019.

[27] Wikipedia, Die freie Enzyklopädie (Hg.) (2018): Stochastic neural analog reinforcement calculator. Online verfügbar unter https://en.wikipedia.org/wiki/Stochastic_neural_analog_reinforcement_calculator, zuletzt aktualisiert am 20.07.2018, zuletzt geprüft am 04.02.2019.

[28] Wikipedia, Die freie Enzyklopädie (Hg.) (2018): Hopfield-Netz. Online verfügbar unter https://de.wikipedia.org/wiki/Hopfield-Netz, zuletzt aktualisiert am 04.09.2018, zuletzt geprüft am 17.01.2019.

[29] Wikipedia, Die freie Enzyklopädie (Hg.) (2018): Approximation. Online verfügbar unter https://de.wikipedia.org/wiki/Approximation, zuletzt aktualisiert am 11.09.2018, zuletzt geprüft am 05.01.2019.

[30] Wikipedia, Die freie Enzyklopädie (Hg.) (2018): Survival of the Fittest. Online verfügbar unter https://de.wikipedia.org/wiki/Survival_of_the_Fittest, zuletzt aktualisiert am 01.10.2018, zuletzt geprüft am 27.01.2019.

[31] Wikipedia, Die freie Enzyklopädie (Hg.) (2018): Evolutionärer Algorithmus. Online verfügbar unter https://de.wikipedia.org/wiki/Evolution%C3%A4rer_Algorithmus, zuletzt aktualisiert am 27.10.2018, zuletzt geprüft am 14.01.2019.

[32] Wikipedia, Die freie Enzyklopädie (Hg.) (2018): Automat. Online verfügbar unter https://de.wikipedia.org/wiki/Automat, zuletzt aktualisiert am 01.11.2018, zuletzt geprüft am 14.01.2019.

[33] Wikipedia, Die freie Enzyklopädie (Hg.) (2018): Deep Blue. Online verfügbar unter https://de.wikipedia.org/wiki/Deep_Blue, zuletzt aktualisiert am 06.11.2018, zuletzt geprüft am 05.02.2019.

[34] Wikipedia, Die freie Enzyklopädie (Hg.) (2018): Lisp. Online verfügbar unter https://de.wikipedia.org/w/index.php?title=Lisp&oldid=182773110, zuletzt aktualisiert am 15.11.2018, zuletzt geprüft am 05.02.2019.

[35] Wikipedia, Die freie Enzyklopädie (Hg.) (2018): Dartmouth Conference. Online verfügbar unter https://de.wikipedia.org/wiki/Dartmouth_Conference, zuletzt aktualisiert am 29.11.2018, zuletzt geprüft am 04.02.2019.

[36] Wikipedia, Die freie Enzyklopädie (Hg.) (2018): Sensomotorik, zuletzt aktualisiert am 01.12.2018, zuletzt geprüft am 13.01.2019.

[37] Wikipedia, Die freie Enzyklopädie (Hg.) (2018): Halteproblem. Online verfügbar unter https://de.wikipedia.org/wiki/Halteproblem, zuletzt aktualisiert am 11.12.2018, zuletzt geprüft am 04.02.2019.

[38] Wikipedia, Die freie Enzyklopädie (Hg.) (2018): Logic Theorist. Online verfügbar unter https://en.wikipedia.org/wiki/Logic_Theorist, zuletzt aktualisiert am 23.12.2018, zuletzt geprüft am 05.02.2019.

[39] Wikipedia, Die freie Enzyklopädie (Hg.) (2018): Künstliches neuronales Netz. Online verfügbar unter https://de.wikipedia.org/wiki/K%C3%BCnstliches_neuronales_Netz, zuletzt aktualisiert am 24.12.2018, zuletzt geprüft am 14.01.2019.

[40] Wikipedia, Die freie Enzyklopädie (Hg.) (2018): Elektronische Nase. Online verfügbar unter https://de.wikipedia.org/wiki/Elektronische_Nase, zuletzt aktualisiert am 25.12.2018, zuletzt geprüft am 31.01.2019.

[41] Wikipedia, Die freie Enzyklopädie (Hg.) (2018): Marktkapitalisierung. Online verfügbar unter https://de.wikipedia.org/wiki/Marktkapitalisierung, zuletzt aktualisiert am 27.12.2018, zuletzt geprüft am 24.01.2019.

[42] Wikipedia, Die freie Enzyklopädie (Hg.) (2019): Eliza. Online verfügbar unter https://de.wikipedia.org/wiki/ELIZA, zuletzt aktualisiert am 05.01.2019, zuletzt geprüft am 05.02.2019.

[43] Wikipedia, Die freie Enzyklopädie (Hg.) (2019): Laplacescher Dämon. Online verfügbar unter https://de.wikipedia.org/wiki/Laplacescher_D%C3%A4mon#cite_note-1, zuletzt aktualisiert am 05.01.2019, zuletzt geprüft am 05.02.2019.

[44] Wikipedia, Die freie Enzyklopädie (Hg.) (2019): Künstliche Intelligenz, zuletzt aktualisiert am 11.01.2019, zuletzt geprüft am 13.01.2019.

[45] Wikipedia, Die freie Enzyklopädie (Hg.) (2019): Künstliches Neuron. Online verfügbar unter https://de.wikipedia.org/wiki/K%C3%BCnstliches_Neuron, zuletzt aktualisiert am 11.01.2019, zuletzt geprüft am 04.02.2019.

[46] Wikipedia, Die freie Enzyklopädie (Hg.) (2019): Kurt Gödel. Online verfügbar unter https://de.wikipedia.org/wiki/Kurt_G%C3%B6del, zuletzt aktualisiert am 14.01.2019, zuletzt geprüft am 04.02.2019.

[47] Wikipedia, Die freie Enzyklopädie (Hg.) (2019): Geschichte der Automaten. Online verfügbar unter https://de.wikipedia.org/wiki/Geschichte_der_Automaten, zuletzt aktualisiert am 17.01.2019, zuletzt geprüft am 04.02.2019.

[48] Wikipedia, Die freie Enzyklopädie (Hg.) (2019): Turing-Test. Online verfügbar unter https://de.wikipedia.org/wiki/Turing-Test, zuletzt aktualisiert am 18.01.2019, zuletzt geprüft am 04.02.2019.

[49] Wikipedia, Die freie Enzyklopädie (Hg.) (2019): Geschichte der künstlichen Intelligenz. Online verfügbar unter https://de.wikipedia.org/wiki/Geschichte_der_k%C3%BCnstlichen_Intelligenz, zuletzt aktualisiert am 22.01.2019, zuletzt geprüft am 05.02.2019.

[50] Wikipedia, Die freie Enzyklopädie (Hg.) (2019): Tay (Bot). Online verfügbar unter https://de.wikipedia.org/wiki/Tay_(Bot), zuletzt aktualisiert am 25.01.2019, zuletzt geprüft am 28.01.2019.

[51] Wikipedia, Die freie Enzyklopädie (Hg.) (2019): Heron von Alexandria. Online verfügbar unter https://de.wikipedia.org/wiki/Heron_von_Alexandria, zuletzt aktualisiert am 26.01.2019, zuletzt geprüft am 04.02.2019.

[52] Wikipedia, Die freie Enzyklopädie (Hg.) (2019): Von-Neumann-Architektur. Online verfügbar unter https://de.wikipedia.org/wiki/Von-Neumann-Architektur, zuletzt aktualisiert am 04.02.2019, zuletzt geprüft am 09.02.2019.

[53] Wirtschaftslexikon Gabler (Hg.) (2018): Künstliche Intelligenz (KI). Online verfügbar unter https://wirtschaftslexikon.gabler.de/definition/kuenstliche-intelligenz-ki-40285/version-263673, zuletzt aktualisiert am 19.02.2018, zuletzt geprüft am 27.01.2019.

[54] Wittpahl, Volker (Hg.) (2019): Künstliche Intelligenz. Technologie. Berlin, Heidelberg: Springer Berlin Heidelberg. Online verfügbar unter http://dx.doi.org/10.1007/978-3-662-58042-4.